工业
会计与纳税
真账实操

·从入门到精通·

于秉汝 ● 编著

中国铁道出版社有限公司
CHINA RAILWAY PUBLISHING HOUSE CO., LTD.

内 容 简 介

本书是一本基于工业企业业务流程编写的行业会计模块化教程，是一部解决企业日常会计核算问题的"实务操作指南"。

本书依据最新的企业会计准则及相关法规编写。结合工业企业的特性，突出工业企业会计核算的特点，介绍了工业企业经济业务流程中各环节的会计核算内容和方法，对工业企业会计的概念、会计政策的要求、会计科目的设置与使用、账务处理的基本流程及方法、财务报表的编制与披露等方面进行了详细的论述。

图书在版编目（CIP）数据

工业会计与纳税真账实操从入门到精通/于秉汝编
著. —北京：中国铁道出版社有限公司，2019.10
ISBN 978-7-113-26151-1

Ⅰ. ①工… Ⅱ. ①于… Ⅲ. ①工业会计 - 教材②工业
企业 - 税收管理 - 中国 - 教材 Ⅳ. ①F406.72②F812.42

中国版本图书馆 CIP 数据核字（2019）第 179909 号

书　　名：**工业会计与纳税真账实操从入门到精通**
作　　者：于秉汝

责任编辑：王　佩	读者热线电话：010 - 63560056
责任印制：赵星辰	封面设计：**MXK** DESIGN STUDIO

出版发行：中国铁道出版社有限公司（100054，北京市西城区右安门西街 8 号）
印　　刷：三河市宏盛印务有限公司
版　　次：2019 年 10 月第 1 版　2019 年 10 月第 1 次印刷
开　　本：700 mm×1 000 mm　1/16　印张：15.5　字数：231 千
书　　号：ISBN 978-7-113-26151-1
定　　价：59.80 元

前　言
PREFACE

经济全球化成为大势所趋，我国加入世贸组织以后，经济得到迅猛发展，在面临众多发展机遇的同时，也不得不应对更多更复杂的挑战，这就需要我们严于律己，加强自身的修炼，积极与国际接轨。对于会计行业来说，我们争取与国际接轨的努力一直都没有停止过，近几年我国财会制度的变革和创新较快，取得了很多可喜的成果，最近修订的《企业会计准则》就是顺应国际化发展的又一成果。

《企业会计准则》是通用于全国各行业的准则，其优点是适用范围广，但是因各行业的情况都不太相同，在具体实施过程中有些细节的处理就存在一些差异。因此，为了满足工业企业会计人员的需要，我们编写了本书。本书是为帮助工业企业会计人员领会新企业会计准则的精髓、依据新准则做好工业企业会计实务工作所编写的。书中强调基本理论、基本知识、基本方法、基本技能的结合，并在阐明基本理论、方法的基础上，通过举例来解读有关准则内容，以帮助读者理解。

本书的主要亮点如下：

一是依据最新的企业会计准则及相关法规编写。

本书以财政部颁布的《企业会计准则》《企业会计准则指南》《企业会计准则讲解》（本书法规，截至 2019 年 3 月 31 日）为依据，结合工业企业的特点，对工业企业有关会计政策的选择、会计科目的设置和使用、相关信息的财务报告披露等方面作了较为详细的论述。

I

二是用图表的形式来展现会计内容。

本书将会计内容以图表方式展现，使得原本较枯燥的内容能够活灵活现地展现在读者的面前，这样不仅能帮助读者迅速掌握知识精髓，还能加强对业务能力的提升。

三是突出工业企业会计核算的特点。

工业企业以直接从事产品的加工制造和销售为主营业务。与其他行业相比，其生产经营过程的核算包括购入、生产、销售三个基本环节，其核算内容最为完整。企业核算的重点是在企业全部资产中占有较大比重的原材料价值、生产资金和产成品资金；成本核算依据不同的生产特征具有多样性和复杂性。本书突出工业企业会计核算的特点，结合工业企业业务的特性来介绍会计核算的内容和方法，将准则的统一性、原则性和工业企业业务的特殊性结合起来，针对性强。

由于水平有限，本书编写中对有些问题的讲解可能不尽完善，疏漏之处敬请读者批评指正。我们的电子邮箱是 duzhezixun@ 139. com，欢迎大家多联系。

编　者

2019 年 4 月

目　录
CONTENTS

第一章　会计理论基础

本章导读

　　会计人员给人的印象是鼻夹厚眼镜、手拿铁算盘的"账房先生"，而记账、算账似乎成为会计人员的全部工作，会计等同于核算。随着改革开放赋予会计新的职能，会计信息成为宏观经济调控和微观管理决策不可或缺的变量，会计人员也由"账房先生"进化为"理财高手"。在现代企业组织里，这些"理财高手"在价值创造、风险管理、融资策划、资金调度、收购兼并、成本控制、预算管理、纳税筹划、绩效评价等领域扮演着举足轻重的角色。此外，这些"理财高手"秉承"诚信为本、操守为重、坚持准则、不做假账"的原则，通过确认、计量和报告手段，将企业纷繁复杂的经营、投资和筹资活动，转换成一目了然的财务报表，为社会创造了难以估量的"信息财富"。会计人员由"账房先生"升华为"理财高手"，彰显了会计职能的变迁，凸显了会计人员在价值创造中的地位和角色。

　　目前，中国制造已成为中国人一张响当当的名片，中国制造还将向更多领域、更高质量、更大品牌的方向发展。随着这些行业的发展，对熟知工业企业财务核算工作的会计人员的需求将越来越多。本章将介绍工业企业会计的基础知识。我们重点学习以下内容：

　　（1）工业企业会计概述；

　　（2）会计基本假设；

　　（3）会计信息质量的要求；

　　（4）会计要素及其确认；

　　（5）我国企业会计核算法规体系。

第一节 工业企业会计概述

工业企业是指在社会经济活动中，直接从事产品加工制造和销售活动，并以此为主营业务的独立核算、自主经营、自负盈亏的经济组织。我国工业企业范围情况见表1-1。

表1-1 我国工业企业范围

范围	内容
工业企业范围	国民经济第二产业的加工制造类企业
	国民经济第三产业的修理修配类企业

一、工业企业会计的概念

工业企业会计通过对经济业务事项的确认、计量、记录和报告程序，提供真实、准确、可靠的会计信息，以帮助企业利益相关方（如政府管理部门、企业投资者、经营管理者）及时了解该企业的财务状况、经营成果和现金流量，并据以做出科学合理的经济决策。如图1-1所示。

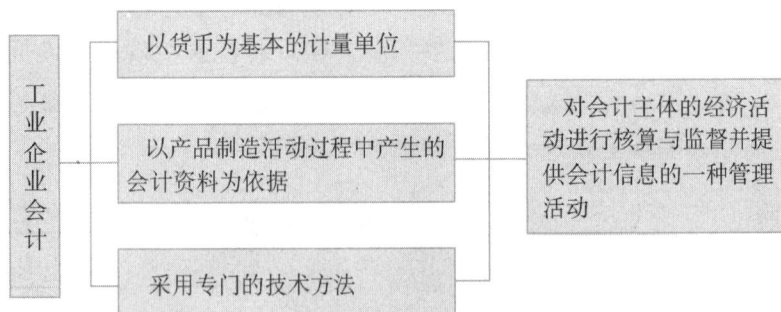

图1-1 工业企业会计的定义

二、工业企业会计的职能

工业企业会计的职能是会计在经济管理过程中所具有的功能，在不同的经济发展水平下及不同管理水平的企业中，会计职能的发挥有很大的不同。具体职能如图 1-2 所示。

```
        工业企业会计的职能
       ┌──────────┴──────────┐
    核算职能              监督职能
```

图 1-2 工业企业会计职能

（一）进行会计核算

会计核算贯穿于工业企业的经济活动的全过程，是会计最基本的职能，也称为会计的反映职能。它是指会计以货币为主要计量单位，对特定主体的经济活动进行确认、计量、记录和报告，为有关各方提供会计信息。

会计核算的要求是真实、准确、完整、及时。会计核算的内容包括确认、计量、记录和报告，详情见表 1-2。

表 1-2 会计核算的内容

内容	含 义
确认	运用特定会计方法、以文字和金额同时描述某一交易或事项，使其金额反映在特定主体财务报表的合计数中的会计程序。确认分为初始确认和后续确认
计量	确定会计确认中用以描述某一交易或事项的金额的会计程序
记录	对特定主体的经济活动采用一定的记账方法、在账簿中进行登记的会计程序
报告	在确认、计量和记录的基础上，对特定主体的财务状况、经营成果和现金流量情况（行政、事业单位是对其经费收入、经费支出、经费结余及其财务状况），以财务报表的形式向有关方面报告

会计核算的内容具体表现为生产经营过程中的各种经济业务。《会计法》第 10 条对会计核算内容的具体规定见表 1-3。

表 1-3 《会计法》第 10 条对会计核算内容的具体规定

规定	事项
《会计法》规定的应当办理会计手续，进行会计核算的经济业务事项	款项和有价证券的收付
	财物的收发、增减和使用
	债权债务的发生和结算
	资本、基金的增减
	收入、支出、费用、成本的计算
	财务成果的计算和处理
	需要办理会计手续、进行会计核算的其他事项

（二）实施会计监督

会计监督职能，也称会计控制职能。它是指会计人员在进行会计核算的同时，通过预测、决策、控制、分析、考评等具体方法，对特定会计对象所发生的经济业务的合法性、合理性进行审查。会计监督的审查内容及目的见表 1-4。

表 1-4 会计监督的审查内容及目的

审查内容	审查目的
合法性审查	保证各项经济业务符合国家法律法规及有关财务会计制度的各项规定
合理性审查	检查各项财务收支是否符合特定会计主体的财务收支计划，是否有利于预算目标的实现，是否有违背内部控制制度要求等现象，为提高企业经济效益严格把关

会计监督是会计工作的重要组成部分，贯穿于企业经济活动的全过程。其主要内容如图 1-3 所示。

会计监督的主要内容	对原始凭证进行审核和监督 →	这是对会计信息质量实行源头控制的重要环节，是会计基础工作的一项重要内容
	对会计账簿和财务报告的监督 →	会计机构、会计人员对伪造、变造、故意毁灭会计账簿或者账外设账行为，应当制止和纠正；制止和纠正无效的，应当向上级主管单位报告，请求作出处理
	对财产物资的监督 →	会计机构及其人员应当对实物、款项进行监督，督促建立并严格执行财产清查制度。发现账簿记录与实物、款项不符时，应当按照国家有关规定进行处理
	对财务收支的监督 →	这是会计监督的关键内容。由于财务收支是经济活动中违法违纪问题的焦点，因此对财务收支的监督也是会计监督中难度较大、问题较多、矛盾较集中的环节

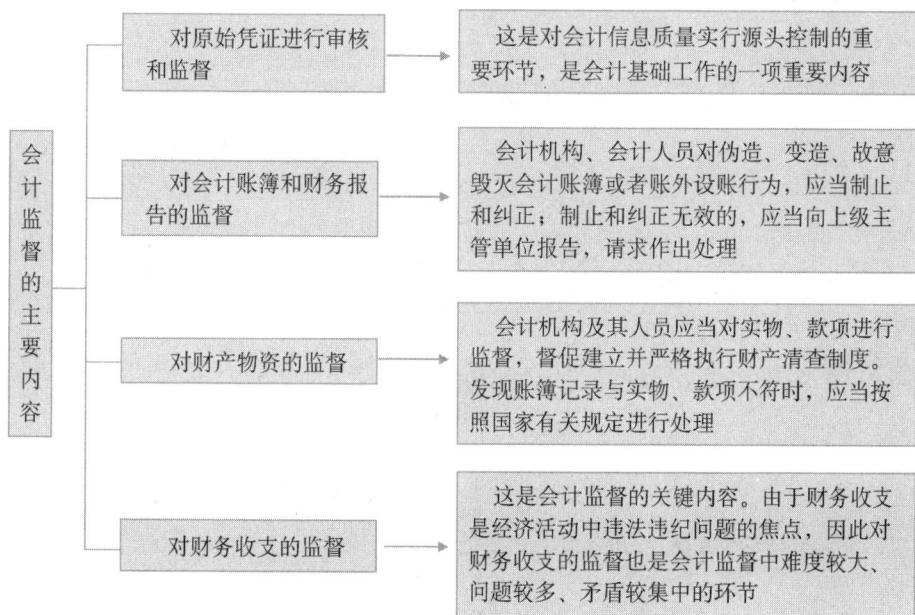

图 1-3　会计监督的主要内容

工业企业会计的核算职能与监督职能是相辅相成的，只有在对经济业务活动进行正确核算的基础上，才可能提供可靠资料作为监督依据；同时，也只有搞好会计监督，保证经济业务按规定的要求进行，并且达到预期的目的，才能发挥会计核算的作用。

工业企业会计除具有核算和监督两项基本职能外，还具有预测经济前景、参与经济决策、计划组织以及绩效评价等职能。

三、工业企业会计的主要内容

工业企业的资金运作方式主要表现在以下几个方面：取得或者筹集资金，在生产过程中运营资金，通过产品（商品）销售收回资金，计算经营成果，使部分资金退出企业、部分资金重新进入企业。工业企业会计资金流程如图 1-4 所示。工业企业会计就是对工业企业资金运动的过程进行会计核算和会计监督。

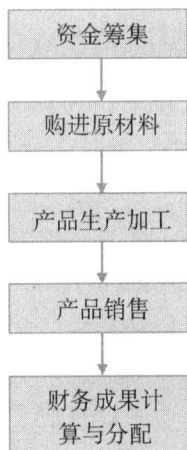

图1-4 工业企业资金运行情况说明

（一）资金筹集

资金筹集是企业资金运动的起点。在这个阶段，工业企业会计主要核算投资者投入的货币资金、实物资产（存货、固定资产、无形资产等）、从债权人借入的资金以及生产经营中临时占用尚未结算的资金等内容。

（二）购进原材料

工业企业以营运中的货币资金为媒介从其他产品制造者手中购进生产所需的原材料，支付各项采购费用，形成工业企业的储备资金。在这个阶段，工业企业会计主要核算外购存货的成本、发出存货的计价、自制存货的成本、委托加工存货的成本以及存货采购费用等内容。

（三）产品生产加工

产品生产加工的阶段实际就是储备资金转化为成品资金的过程，如图1-5所示。在这个阶段，工业企业会计要针对不同产品生产的特点，采用不同的成本计算方法，正确核算生产成本。

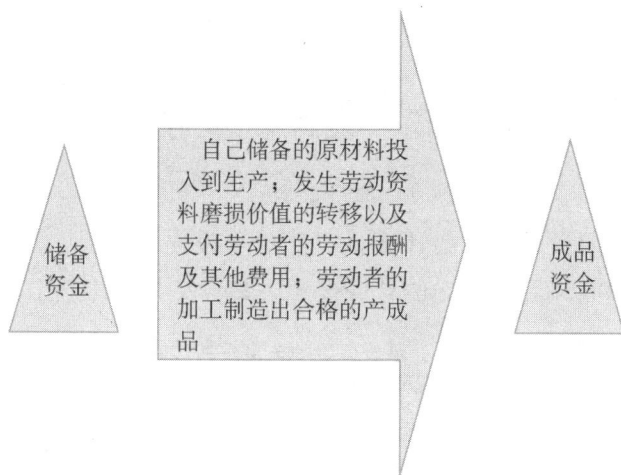

图 1-5 储备资金转化为成品资金

（四）产品销售

如图 1-6 所示，在产品销售阶段，工业企业会计主要核算以不同方式销售产品（商品）取得的销售收入，以及税金、折扣、折让、销售产品成本和销售退回等内容。

图 1-6 实现产品（商品）所有权由生产者向消费者的转移

（五）财务成果计算与分配

工业企业通过交纳国家税金、向投资者分配利润等方式使部分资金退出企业，通过提取盈余公积等方式使部分资金投入扩大再生产过程中，形成新的运营资金。在这个阶段，工业企业会计主要核算应交税金、其他业务利润、期间费用、投资收益、营业外收支、应付利润、留存收益等内容。

第二节　会计基本假设

会计基本假设是企业会计确认、计量和报告的前提，是对会计核算所处时间、空间环境等所作的合理设定。其含义和法律规定见表1-5。

表1-5　会计基本假设的含义及其法律规定

会计基本假设	含义	关于会计准则的规定
会计主体	企业应当对其本身发生的交易或者事项进行会计确认、计量和报告	《企业会计准则——基本准则》第5条规定："企业应当对其本身发生的交易或者事项进行会计确认、计量和报告"
持续经营	任何会计主体除非有确切的证据证实其不会再存续下去，否则，便认为它会无限期地延续下去	《企业会计准则——基本准则》第6条明确规定："企业会计确认、计量和报告应当以持续经营为前提"
会计分期	将会计主体持续不断的经营过程，划分为若干等间距的时期，即"会计期间"，会计主体按照会计期间组织会计核算，提供会计报告	我国《会计法》规定："会计年度自公历1月1日起至12月31日止"，《企业会计准则——基本准则》规定："企业应当划分会计期间，分期结算账目和编制财务会计报告。会计期间分为年度和中期。中期是指短于一个完整的会计年度的报告期间"
货币计量	会计主体在会计核算过程中应主要采用货币计量单位来记录和报告会计主体的财务状况和经营成果	《会计法》第12条规定："会计核算以人民币为记账本位币。业务收支以人民币以外的货币为主的单位，可以选定其中一种货币作为记账本位币，但是编报的财务会计报告应当折算为人民币" 《企业会计准则——基本准则》第8条规定："企业会计应当以货币计量" 《企业会计准则第19号——外币折算》记账本位币，指企业经营所处的主要经济环境中的货币。企业通常应选择人民币作为记账本位币。业务收支以人民币以外的货币为主的企业，可以按照本准则第5条规定选定其中一种货币作为记账本位币。但是，编报的财务报表应当折算为人民币

第三节　会计信息质量的要求

向企业的利益相关方提供及时可靠的会计信息，是企业会计系统最基本的职能，也是最核心的任务，在本次会计准则的修订中，特别重视对企业会计信息质量的要求，在《企业会计准则——基本准则》第 2 章中，对企业会计的信息质量进行了具体而详细的规定，它包括可靠性、相关性、可理解性、可比性、实质重于形式、重要性、谨慎性和及时性等 8 项基本要求。

一、可靠性

可靠性是指会计核算应当以实际发生的经济业务为依据，如实反映企业的财务状况、经营成果和现金流量，要求企业提供的会计信息，应做到内容真实，数字准确，项目完整，手续齐备，资料可靠。

二、相关性

相关性要求企业提供的会计信息应当与财务报告使用者的经济决策需要相关，有助于财务报告使用者对企业过去、现在或者未来的情况作出评价或者预测。

会计核算的目标是向有关方面提供对决策有用的信息。会计信息的使用者如图 1-7 所示。

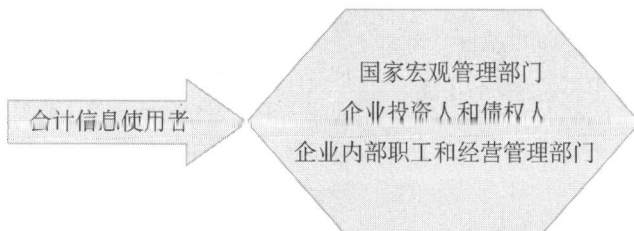

会计信息使用者 → 国家宏观管理部门　企业投资人和债权人　企业内部职工和经营管理部门

图 1-7　会计信息的使用者

要充分发挥会计信息的有用性，必须使提供的信息与各方面对信息的要求相协调。

三、可理解性

可理解性要求企业提供的会计信息应当清晰明了，便于财务报告使用者理解和使用。企业编制财务会计报告的目标是向财务会计报告使用者提供与企业财务状况、经营成果和现金流量等有关的会计信息，反映企业管理层受托责任履行情况，有助于财务会计报告使用者作出经济决策。只有这样，才能提高会计信息的有用性，实现财务报告的目标，满足向使用者提供决策有用信息的要求。

四、可比性

可比性要求企业提供的会计信息应当具有可比性。可比性的含义和目的见表 1-6。

表 1-6　会计信息质量的可比性

可比性分类	含义	目的
纵向的可比性	同一个企业在不同时期的比较	为了便于企业管理者等财务信息使用者了解企业财务状况和经营成果的变化趋势，比较企业在不同时期的财务报告信息，从而全面、客观地评价过去、预测未来
横向的可比性	同一时期，不同企业之间的比较	为了便于企业管理者等财务信息使用者评价不同企业的财务状况、经营成果的水平及其变动情况，从而有助于使用者作出科学合理的决策，会计信息质量的可比性还要求不同企业发生的相同或者相似的交易或者事项，应当采用规定的会计政策，确保会计信息口径一致、相互可比，即对于相同或者相似的交易或者事项，不同企业应当采用一致的会计政策

五、实质重于形式

实质重于形式要求企业应当按照交易或者事项的经济实质进行会计确认、计量和报告，而不应当仅仅按照它们的法律形式作为会计核算的依据。实质重于形式的最典型例子就是对融资租赁形式租入资产的核算。见表1-7。

表1-7　实质重于形式的举例

融资租赁方式租入的资产	法律形式	经济实质
视为企业的资产	企业并不拥有租赁物的所有权	由于租赁合同中规定的租赁期都相当长，接近于该资产的使用寿命；租赁期结束时承租企业有优先购买该资产的选择权；在租赁期内承租企业有权支配该资产并从中受益等

六、重要性

重要性要求企业在全面核算的前提下，对于在会计核算过程中的交易或事项应当区别其重要程度，采用不同的核算方式。重要性的判断应当根据其所处环境和实际情况，从项目的性质和金额大小两方面来看。从性质上说，当某一事项有可能对决策产生一定影响时，就属于重要项目；从数量方面来说，当某一项目的数量达到一定规模时，就可能对决策产生影响。

七、谨慎性

谨慎性原则亦称稳健性原则，或称保守主义。该原则要求企业在进行会计核算时，不得多计资产或收益，少计负债或费用。但是，谨慎性的应用并不允许企业设置秘密准备，企业不得故意低估资产或者收益，或者故意高估负债或者费用。

企业是在各种经济风险之中从事经营活动的，坚持谨慎性原则，有利于增强企业抗御风险的能力和竞争能力，有利于债权人的利益。谨慎性原则在具体应用中的要求见表1-8。

表1-8　谨慎性原则在会计核算过程中的体现

核算过程	要求
会计确认方面	应尽可能合理预计企业可能发生的费用或损失，避免确认可能取得的收入
会计计量方面	不得低估资产或收益，或高估负债或费用的数额
会计报告方面	应提供尽可能全面的会计信息，特别是报告有可能发生的风险损失

八、及时性

及时性是指企业的会计核算应当及时进行，不得提前或延后。即使是可靠、相关的会计信息，如果不及时提供，也就失去了时效性，对于使用者的效用就大大降低，甚至不再具有任何意义。及时性的要求见表1-9。

表1-9　及时性的要求

及时性的要求	内容
及时收集会计信息	即在经济交易或者事项发生后，及时收集整理各种原始单据或者凭证
及时处理会计信息	即按照企业会计准则的规定，及时对经济交易或者事项进行确认或者计量，并编制出财务报告
及时传递会计信息	即按照国家规定的有关时限，及时地将编制的财务报告传递给财务报告使用者，便于其及时使用和决策

我国《会计法》规定，企业必须在每年的4月30日之前公布其财务报告，就是要求会计信息具备及时性的体现。

第四节 会计要素及确认

一、会计要素概念

会计要素就是对会计对象的基本分类，是会计对象的具体化，是反映会计主体财务状况、经营成果的基本单位。

新《企业会计准则》把企业的会计要素划定为资产、负债、所有者权益、收入、费用和利润六项。会计要素，既是会计确认和计量的依据，也是确定财务报表结构和内容的基础。会计要素的分类见表1-10。

表1-10　会计要素的分类

分类	会计要素
反映企业财务状况的会计要素	资产、负债和所有者权益
反映企业经营成果的会计要素	收入、费用和利润

二、反映企业财务状况的会计要素及其确认

反映企业财务状况的会计要素包括资产、负债和所有者权益，各要素的概念特征及确认条件见表1-11。

表1-11　反映企业财务状况的会计要素

会计要素	概念	特征	确认条件（同时满足）
资产	过去的交易、事项形成并由企业拥有或者控制的资源，该资源预期会给企业带来经济利益	（1）资产是由企业过去的交易或者事项形成的；（2）资产应该是企业拥有或者能够控制的资源；（3）资产可以预期给企业带来一定的经济利益	（1）在一般情况下，与该资源有关的经济利益可以流入企业；（2）该项资源的成本或者价值能够比较准确地计量

（续表）

会计要素	概念	特征	确认条件（同时满足）
负债	企业过去的交易或者事项形成的、预期会导致经济利益流出企业的现时义务	（1）负债是企业承担的现时义务；（2）负债的清偿预期会导致经济利益流出企业；（3）负债是由企业过去的交易或者事项形成的	（1）与该义务有关的经济利益很可能流出企业；（2）未来流出的经济利益的金额能够可靠地计量
所有者权益	企业资产扣除负债后，由所有者享有的净资产，也叫剩余权益。公司的所有者权益又称为股东权益	（1）企业的投资者对企业净资产的要求权即所有权，也是企业对投资人承担的经济责任；（2）作为所有者权益对象的投资人则有法定参与管理企业或委托他人管理企业的权利，同时也有参与企业利润分配的权利；（3）所有者权益在企业正常经营期间，只要不发生清算、破产、减少注册资本或其他终止经营情况，无需偿还，投资人也不得要求返还投资，且风险比债权人更大	（1）所有者权益的确认主要依赖于其他会计要素，尤其是资产和负债的确认；（2）所有者权益金额的确定也主要取决于资产和负债的计量

三、反映企业经营成果的会计要素及其确认

反映企业经营成果的会计要素包括收入、费用和利润。它们各自的概念、特征和确认条件见表1-12。

表 1-12 反映企业经营成果的会计要素

会计要素	概念	特征	确认条件（同时满足）	特别说明
收入	企业在日常活动中形成的、会导致所有者权益增加的、与所有者投入资本无关的经济利益的总流入	（1）收入应当是企业在日常活动中形成的；（2）收入应当会导致经济利益的流入，该流入不包括所有者投入的资本；（3）收入应当最终会导致所有者权益的增加	（1）与收入相关的经济利益很可能流入企业；（2）经济利益流入企业的结果会导致企业资产的增加或者负债的减少；（3）经济利益的流入额能够可靠地计量	—
费用	企业在日常活动中发生的、会导致所有者权益减少的、与向所有者分配利润无关的经济利益的总流出	（1）费用应当是企业在日常活动中发生的；（2）费用应当会导致经济利益的流出，该流出不包括向所有者分配的利润；（3）费用应当最终会导致所有者权益的减少	（1）与费用相关的经济利益应当很可能流出企业；（2）经济利益流出企业的结果会导致资产的减少或者负债的增加；（3）经济利益的流出额能够可靠计量	（1）费用应当与企业实现的相关收入相配比，并在同一会计期间予以确认，计入利润表。（2）企业发生的支出不产生经济利益的，或者即使能够产生经济利益但不符合或者不再符合资产确认条件的，应当在发生时确认为费用，计入当期损益

（续表）

会计要素	概念	特征	确认条件（同时满足）	特别说明
利润	企业在一定会计期间的经营成果。利润为营业利润、投资净收益和营业外收支净额等三个项目的总额减去所得税费用之后的余额。有些补贴收入也计入利润	（1）营业利润是企业在销售商品、提供劳务等日常活动中所产生的利润，为主营业务利润和其他业务利润减去有关期间费用后的余额；（2）投资净收益是投资收益与投资损失的差额；（3）营业外收支是与企业的日常经营活动没有直接关系的各项收入和支出	一旦我们确认了收入及其相应的成本费用之后，也就意味着我们确认了该项经济行为的利润	—

第五节　我国企业会计核算法规体系

会计工作应遵循相关的法律法规，自 1992 年我国开始建立社会主义市场经济制度以来，我国的会计核算法规也经历了一系列深层次、全方位的改革。尤其是 2006 年以来，我国在多年摸索、试点的情况下，推出了新的《企业会计准则体系》，使得我国的会计核算标准逐步与国际惯例相接轨。时值今日，我国已经初步形成了以《会计法》为核心，以会计准则和会计制度为主体的一个比较完整的会计核算法规体系。

一、会计法

《会计法》是我国会计工作的基本法律，其概况见表 1-13。

表1-13 《会计法》简介

法律名称	简介	意义	规定范围
《会计法》	于1985年由全国人民代表大会常务委员会通过，并于同年5月1日起施行，为适应我国社会主义市场经济发展和深化会计改革的需要，1993年12月和1999年10月人大常委会对其进行了两次修订	我国会计工作的根本大法，它在我国的会计规范体系中处于最高层次，是其他会计规范制定的基本依据，是我国进行会计工作的基本依据	对我国会计工作的主要方面作出规定，涉及到我国会计工作的各个领域，用法律形式确定了会计工作的地位和作用，对我国会计管理的体制、会计核算和会计监督的对象及内容、会计机构、会计人员的职责和权限以及有关的法律责任作出了明确的规定

二、会计准则

会计准则亦称会计标准，是制定会计核算制度和组织会计核算的基本规范。会计准则最早出现在20世纪30年代的美国，其后，一些西方资本主义国家也相继制定了本国的会计准则。20世纪70年代，一些西方国家的职业会计团体发起成立了国际会计准则委员会，制定并发布国际会计准则。我国会计准则的发展过程见表1-14。

表1-14 会计准则的不同时期

准则的不同时期	具体准则	准则包含的层次
我国实施会计准则的探索期	我国的会计准则制定始于1988年，于1992年11月发布了我国第一个会计准则，即《企业会计准则》，并于1993年7月1日开始施行。此后，财政部又陆续颁布了"现金流量表"、"资产负债表日后事项"、"收入"、"债务重组""中期财务报告"等多项具体会计准则，这些会计准则只是选择性的在部分企业中实施，一直与《企业会计制度》并行使用	—

（续表）

准则的不同时期	具体准则	准则包含的层次
我国新会计准则体系的全面建立时期	2006年2月15日，财政部发布了包括1项基本准则和38项具体准则，11月7日发布了《企业会计应用指南——应用指南》	一是基本准则，在整个准则体系中起统驭作用，主要规范会计目标、会计假设、会计信息质量要求、会计要素的确认、计量和报告原则等。 二是具体准则，包括存货、固定资产、无形资产等38项准则，主要规范企业发生的具体交易或者事项的会计处理，为企业处理会计实务问题提供具体而统一的标准。 三是会计准则应用指南，主要包括具体准则解释和会计科目、主要账务处理等，为企业执行会计准则提供操作性规范

新企业会计准则体系与之前的准则相比有其鲜明的特点，见表1-15。

表1-15　新企业会计准则体系的显著特点

新企业会计准则体系的显著特点	含义	意义
通用性	新企业会计准则不分所有制，不分行业，是针对所有企业的会计核算准则	这一特点相对于我国以前实施的分行业的企业会计制度而言，是一大创新，它适应了企业所有制混合化，经营混业化的经济发展新趋势

（续表）

新企业会计准则体系的显著特点	含义	意义
外向性	随着我国经济的发展，很多企业已实施了走出去的战略，加入了全球经济一体化的大潮，会计作为记录经济活动的语言，语言不通，也就没法打交道、做生意、谈合作	新企业会计准则在确保适应我国企业需要的同时，引入了国际会计准则的做法与惯例，架起了密切中外经贸合作的会计技术桥梁，有利于进一步优化我国投资环境，有利于促进我国企业更好更多地"走出去"，全面提高我国对外开放水平
前瞻性	改革开放以来，新的行业、新的企业运作模式层出不穷，为保证企业会计准则具有一定的稳定性，在新企业会计准则中，对金融商品等我国企业尚比较陌生的衍生金融业务也做了比较具体的规定	保证了新的会计准则体系在未来一段时期的稳定性，不至于频繁修订

从 2007 年 1 月 1 日起，《企业会计准则》在上市公司中全面实施，在我国经济体系中起着举足轻重作用的中央国有企业，也将从 2007 年起逐步适用《企业会计准则》，本书严格依据新的《企业会计准则》编写，为新的《企业会计准则》在不同行业的企业中顺利推广，尽一份应有之力。

第二章 建账、填制凭证、记录各类账簿

本章导读

　　某物业有限公司房租收款员王某从 2015 年 8 月至 2018 年 11 月，通过截留后面收的货款来填补前面被侵吞的漏洞的做法，虽然在给居民一式两联的单据上如实盖上收银章，但在另一张回执上却不盖章，将这笔钱做周转之用，等手头宽裕时再将这笔钱补进去，并在单据上盖章上缴财务。通过这种方式，直到东窗事发，王某共截留 12 万元，这个案例中王某在填制记账凭证时没有做到及时性原则，从而导致在工作过程中弄虚作假。由此可以看到填制凭证，记录账簿都应该遵守会计准则。

　　会计工作人员对企业日常发生的经济行为进行纪录，这个过程要从建账开始，然后根据各项经济活动中的原始凭证登记记账凭证，再根据记账凭证去记录各类账簿，最终编制完整的报表体现企业的财务状况和经营成果。随着科技的发展，大多数公司已经实行会计电算化，不再使用手工做账，然而不管是手工做账还是会计电算化，其背后的会计处理流程和逻辑是不变的。

　　本章的主要内容在于使初学会计的人员对会计工作有个整体认知，对一些基础工作有所掌握，比如会计工作中如何建账，建账的主要工作包括什么，凭证的主要内容和如何填制，账簿的主要内容和如何填制等事项。

（1）建账；

（2）填制凭证；

（3）记录账簿。

第一节　建　账

一、会计科目体系的设置

（一）会计要素和会计科目

会计要素和会计科目的含义见表2-1。

表2-1　会计要素和会计科目的含义

名称	含义
会计要素	对会计对象进行的分类，为会计核算提供了类别指标。有资产、负债、所有者权益、收入、费用、利润六个会计要素
会计科目	按照经济内容对各会计要素的具体内容作进一步分类核算的项目，它是以客观存在会计要素的具体内容为基础、根据核算和管理的需要设置。如资产中应分为现金、银行存款、固定资产、原材料等

会计要素是对会计对象进行的分类，为会计核算提供了类别指标。但是会计核算不仅要求提供会计要素总括的数量变化，还要提供一系列分类指标和具体会计信息，以反映企业的财务状况和经营成果。由于会计要素太笼统，仅使用会计要素来反映经济业务，将难以说明企业的实际情况，难以满足财务报告使用人的需要。为满足财务报告使用者的需要，就需要更加详细地反映出企业的情况，应在会计要素指标下进一步细分指标，划分成更具体的会计科目。

会计科目就是按照经济内容对各会计要素的具体内容作进一步分类核算的项目，它是以客观存在会计要素的具体内容为基础、根据核算和管理的需要设置。即根据会计核算的需要，对资产、负债、所有者权益、收入、费用、利润六个会计要素的具体内容进行科学的分类，每一类确定一个合适的名称，这些就是会计科目。

由于企业的经济业务错综复杂，即便仅涉及同一种会计要素，其内容也往往具有不同性质。例如，固定资产和材料虽都属于资产，但其经济内容及其在经济活动中的周转方式和所起的作用各不相同。又如，应付账款和长期借款虽然都是负债，但形成的原因和偿付期限也各不相同。再如，所有者投资和利润，虽然都是所有者权益，但其形成原因和用途却不一样。因此，有必要将会计要素按不同经济性质的内容进行分类，如资产中应分为现金、银行存款、固定资产、原材料等；负债中应分为短期借款、长期借款、其他应付款等。会计科目的设置可以把各项会计要素的增减变化分门别类地归集起来，使之一目了然，以便为企业内部经营管理和向有关方面提供一系列具体分类核算指标，满足会计信息使用者的需要。为全面、系统、连续地分类核算反映企业各项经济业务的发生情况，以及由此引起的各会计要素具体内容的增减变化，在进行具体的会计核算之前，各会计主体都要合理地设置会计科目，将所有经济业务内容按会计要素的要求进行合理分类。合理设置会计科目是正确组织会计核算的前提。

（二）会计科目的分类

1. 按提供核算指标的详细程度对会计科目进行的分类

会计科目按提供核算指标详细程度及其统驭关系不同，分总分类科目和明细分类科目。如图 2-1 所示。

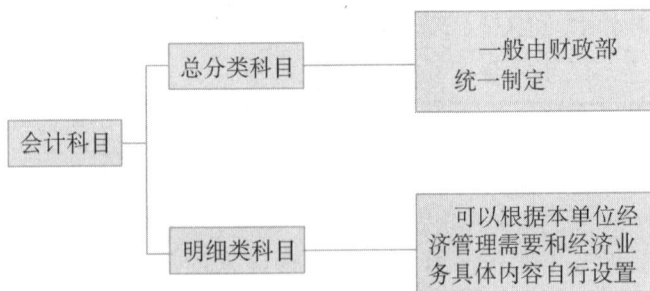

图 2-1　会计科目分类

　　总分类科目又称一级科目，是对会计要素具体内容进行总括分类、提供总括信息的会计科目，如"固定资产"、"原材料"、"应付账款"、"应交税费"、"实收资本"等。按我国会计准则的规定，总分类科目一般由财政部统一制定。

　　明细分类科目又称二级科目或明细科目，是对总分类科目作进一步分类、提供更详细、更具体会计信息的科目，它是反映会计要素具体内容的科目。明细分类科目除会计准则规定设置的以外，可以根据本单位经济管理的需要和经济业务的具体内容自行设置。

　　对于明细科目较多的总账科目，可在总分类科目与明细科目之间设置二级或多级科目。二级科目是对总分类科目的进一步分类，简称子目，也属于明细科目，可根据本单位经济管理的需要和经济业务的具体内容自行设置。当然，也不是所有的总分类科目都设置明细科目。有的总分类科目就不设明细科目。

2. 会计科目按经济内容的性质分类

　　为了更加科学地进行会计核算、加强资金管理，会计科目还应按反映经济内容的性质进行必要的分类。会计科目按反映经济内容的性质即按其反映的会计对象要素不同可以分为资产类科目、负债类科目、所有者权益类科目、成本类科目和损益类科目等。我国财政部 2006 年制定并颁布的《企业会计准则——应用指南》规定的会计科目，见表 2-2。

表 2-2　工业企业会计科目表

序号	编号	会计科目名称	序号	编号	会计科目名称
一、资产类			9	1132	应收利息
1	1001	库存现金	10	1221	其他应收款
2	1002	银行存款	11	1231	坏账准备
3	1012	其他货币资金	12	1401	材料采购
4	1101	交易性金融资产	13	1402	在途物资
5	1121	应收票据	14	1403	原材料
6	1122	应收账款	15	1404	材料成本差异
7	1123	预付账款	16	1405	开发产品
8	1131	应收股利	17	1406	分期收款开发产品

序号	编号	会计科目名称	序号	编号	会计科目名称
18	1408	委托加工物资	二、负债类		
19	1409	周转房	45	2001	短期借款
20	1412	包装物及低值易耗品	46	2101	交易性金融负债
21	1461	融资租赁资产	47	2201	应付票据
22	1471	存货跌价准备	48	2202	应付账款
23	1501	持有至到期投资	49	2203	预收账款
24	1502	持有至到期投资减值准备	50	2211	应付职工薪酬
25	1503	可供出售金融资产	51	2221	应交税费
26	1511	长期股权投资	52	2231	应付利息
27	1512	长期股权投资减值准备	53	2232	应付股利
28	1521	投资性房地产	54	2251	其他应付款
29	1522	投资性房地产累计折旧（摊销）	55	2401	递延收益
			56	2501	长期借款
30	1523	投资性房地产减值准备	57	2502	应付债券
31	1531	长期应收款	58	2701	长期应付款
32	1601	固定资产	59	2801	预计负债
33	1602	累计折旧	60	2901	递延所得税负债
34	1603	固定资产减值准备	三、所有者权益类		
35	1604	在建工程	61	4001	实收资本
36	1605	工程物资	62	4002	资本公积
37	1606	固定资产清理	63	4101	盈余公积
38	1701	无形资产	64	4103	本年利润
39	1702	累计摊销	65	4104	利润分配
40	1703	无形资产减值准备	四、成本类		
41	1711	商誉	66	5001	开发成本
42	1801	长期待摊费用	67	5101	开发间接费用
43	1811	递延所得税资产	68	5401	工程施工
44	1901	待处理财产损溢	69	5402	工程结算

（续表）

序号	编号	会计科目名称	序号	编号	会计科目名称
五、损益类			77	6403	税金及附加
70	6001	主营业务收入	78	6601	销售费用
71	6051	其他业务收入	79	6602	管理费用
72	6101	公允价值变动损益	80	6603	财务费用
73	6111	投资收益	81	6701	资产减值损失
74	6301	营业外收入	82	6711	营业外支出
75	6401	主营业务成本	83	6801	所得税费用
76	6402	其他业务成本	84	6901	以前年度损益调整

在会计科目表中，每个会计科目都有确定的号码，作为顺序号，其作用在于了解使用会计科目总数；也是会计科目的代号，便于登记账册和查阅账目，为实现会计数据处理手段现代化、实行会计电算化提供了条件。会计科目编号的第一位数代表会计要素的类别，"1"代表资产类；"2"代表负债类；"3"代表金融企业的共同类；"4"代表所有者权益类；"5"代表成本类；"6"代表损益类。第一位数字都代表会计要素分类的具体内容。

自 2016 年 5 月 1 日，我国企业全面实施营业税改征增税以来，"营业税金及附加"科目的名称也相应变更为"税金及附加"科目。

3. 会计科目的设置原则

设置会计科目是会计核算的一种专门方法，为了更好地发挥会计科目在核算中的作用，正确使用会计科目，在设置会计科目时应遵守以下原则，见表 2-3。

表 2-3　会计科目的设置原则

原则	内容
合法性原则	所设置的会计科目应当符合国家统一的会计准则的规定
相关性原则	所设置的会计科目应为提供有关各方所需要的会计信息服务，满足对外报告与对内管理的要求
实用性原则	所设置的会计科目应符合企业自身特点，满足企业的实际需要

二、账簿的设置

账簿按其用途不同，一般分为序时账簿、分类账簿和备查账簿三种。有些中小企业也会设置台账。

1. 序时账簿

序时账簿又称日记账，是按照经济业务发生或完成时间的先后顺序逐日逐笔进行登记的账簿。序时账簿可以用来记录全部经济业务的完成情况，也可以用来记录某一类经济业务的完成情况。前者为普通日记账，又称分录簿，通常把每天所发生的经济业务，按照业务发生先后顺序，编成会计分录记入账簿中；后者为特种日记账，购货日记账、销货日记账、现金日记账和银行存款日记账等，通常把某一类比较重要的、重复大量发生的经济业务，按照业务发生的先后顺序记入账簿中。在我国，大多数单位一般只设现金日记账和银行存款日记账，以便加强对货币资金的日常监督和管理。设置日记账的作用，在于及时地、系统地、全面地反映资金的增减变动情况，保护财产物资和资金的安全完整，以及便于对账、查账。

2. 分类账簿

分类账簿（简称"分类账"）是对全部经济业务事项按照会计要素的具体类别而设置的分类账户进行登记的账簿。分类账簿按其反映指标时的详细程度分为总分类账簿和明细分类账簿。按照总分类账户分类登记经济业务事项的是总分类账簿，简称总账，是根据总账科目（一级科目）开设账户，用来分类登记全部经济业务，提供各种资产、负债、所有者权益、收入、费用及利润等总括核算资料的分类账簿；按照明细分类账户分类登记经济业务事项的是明细分类账簿，简称明细账，是根据总账科目所属的二级或明细科目开设账户，用来分类登记某一类经济业务，提供比较详细的核算资料的分类账簿。分类账簿提供的核算信息是编制会计报表的主要依据。

3. 备查账簿

备查账簿（简称"备查账"或"备查簿"），是对某些在序时账簿和分类账簿等主要账簿中都不予登记或登记不够详细的经济业务事项进行补充登记时使用的账簿。它不是根据会计凭证登记的账簿；同时它也没有固定的格式，它是用文字对某些在日记账和分类账中未能记录或记录不全的经济业务进行补充登记的账簿。它通常依据表外科目登记，可以对某些经济业务的内容提供必要的参考资料。例如，租入固定资产登记簿、委托加工材料登记簿等。备查账簿并非每个单位都应设置，只需根据各个单位的实际需要来设置和登记。

另外，按照需要，我们可以选择不同的账簿样式，见表2-4。

表2-4 账簿格式

账簿名称	账簿内容
两栏式账簿	指只有借方和贷方两个基本金额栏目的账簿。各种收入、费用类账户都可以采用两栏式账簿
三栏式账簿	设有借方、贷方和余额三个基本栏目的账簿。各种日记账、总分类账以及资本、债权、债务明细账都可采用三栏式账簿
多栏式账簿	多栏式账簿是在账簿的两个基本栏目借方和贷方按需要分设若干专栏的账簿。收入、费用明细账一般均采用这种格式的账簿
数量金额式账簿	数量金额式账簿的借方、贷方和余额三个栏目内，都分设数量、单价和金额三小栏，借以反映财产物资的实物数量和价值量。原材料、库存商品、产成品等明细账通常采用数量金额式账簿

4. 台账

由于会计账目具有一定的周期性，会计信息也有一定的滞后性，因此，企业设置台账也是非常有必要的。小企业的台账一般包括经营成果台账、业务往来台账、资金管理台账。对于经营成果台账来说，不同类型的小企业，其格式也有所不同，此账可以为领导提供每一笔业务的全貌。其基本格式见表2-5。

表2-5 ××公司经营成果台账

商品名称	进货单位	进货日期	进货成本	进项税额	价税合计	销货单位	销货日期	销货收入	销项税金	价税合计	销售毛利	直接营业费	税金及附加	销售利润

为了及时掌握业务往来情况，企业最好设置业务往来台账，其格式见表2-6。

表2-6　××公司业务往来台账

年	月	日	往来单位	应收账款	应付账款	业务经办人

同样，企业最好设置资金管理台账，支票登记簿和承兑汇票备查簿就是企业最常见的资金管理台账，其基本格式见表2-7。

表2-7　××公司资金管理台账

年	月	日	票据类别	票据号码	收款单位	付款单位	经办人签字	备注

出纳人员从银行领回票据后，将票据类别和票据号码直接录入本台账，打印一份供领用人填写，并由经办人员签字。经办人员签字后，方可领用票据。

中型以上的企业可根据具体情况设置相应的台账。

第二节　填制记账凭证

一、会计凭证的含义

会计凭证，简称凭证，是记录经济业务、明确经济责任的书面证明，也是登记账簿的依据。任何单位对所发生的每一项经济业务都必须按照规定的程序和要求，由经办经济业务的有关人员填制或取得会计凭证，在会计凭证上写明经济业务的内容，并在会计凭证上签名盖章，对会计凭证内容的真实性和正确性负责。所有会计凭证都须经有关人员严格审核，只有经过审核无误的会计凭证，才能作为登记账簿的依据。因此，填制和审核会计凭证是会计核算方法之一，是会计工作的开始，是对经济业务进行核算和监督的重要环节。

会计凭证可按不同的标准进行分类，按编制的程序和用途不同，可分为原始凭证和记账凭证。如图 2-2 所示。

图 2-2　会计凭证的分类

二、原始凭证的含义和分类

原始凭证又称单据，是在经济业务发生或完成时取得或填制的，用以记录或证明经济业务的发生或完成情况的文字凭据。它不仅能用来记录经济业务发生或完成情况，还可以明确经济责任，是进行会计核算工作的原始资料和重要依据，是会计资料中最具有法律效力的一种证明文件。

原始凭证按取得的来源不同，可以分为自制原始凭证和外来原始凭证两种，见表 2-8。

表 2-8　原始凭证的分类

原始凭证	含义
外来原始凭证	指在经济业务发生或完成时，从其他单位或个人直接取得的原始凭证，如发票、飞机和火车的票据、银行收付款通知单等。外来原始凭证都是一次凭证，它也是根据实际发生的经济业务由外单位或个人直接填制的
自制原始凭证	指由本单位内部经办业务的部门和人员，在执行或完成某项经济业务时填制的、仅供本单位内部使用的原始凭证。自制原始凭证在企业中占很大比重，常见的自制原始凭证包括收料单、领料单、开工单、成本计算单、出库单等

无论是自制的还是外来的原始凭证，都是用来证明经济业务已经完成，并用以作为会计核算的原始资料。凡是不能证明经济业务已完成的文件或证明，如经济合同、材料请购单、生产通知单等，都不能算作会计凭证，也不能作为会计核算的依据。未经对方单位签章，不具备法律效力的凭证，或不具备凭证基本内容的白条，也同样不能算作会计凭证。

三、原始凭证填制的基本内容

由于各种经济业务的内容和经营管理的要求不同，原始凭证的名称、格式和内容是多种多样的。原始凭证填制的依据和填制的人员有三种：以实际发生或完成的经济业务为依据，由经办业务人员直接填制，如"入库单"、"出库单"等；以账簿记录为依据、由会计人员加工整理计算填制，如各种记账编制凭证；以若干张反映同类经济业务的原始凭证为依据，定期汇总填制汇总原始凭证，填制人员可能是业务经办人也可能是会计人员。但无论哪种原始凭证，作为记录和证明经济业务的发生或完成情况、明确经办单位和人员的经济责任的原始证据，必须具备以下基本内容：

（1）原始凭证名称；

（2）填制原始凭证的日期；

（3）接受原始凭证的单位名称；

（4）经济业务内容（含数量、单价、金额等）；

（5）填制单位签章；

（6）有关人员签章；

（7）凭证附件。

四、原始凭证的填制要求

1. 记录要真实

原始凭证所填列的经济业务内容和数字，必须真实可靠，符合实际情况。

2. 内容要完整

原始凭证所要求填列的项目必须逐项填列齐全，不得遗漏和省略。

3. 手续要完备

单位自制的原始凭证必须有经办单位领导人或者其他指定的人员签名盖章；对外开出的原始凭证必须加盖本单位公章；从外部取得的原始凭证，必须盖有填制单位的公章；从个人取得的原始凭证，必须有填制人员的签名盖章。

4. 书写要清楚、规范

原始凭证要按规定填写，文字要简要，字迹要清楚，易于辨认，不得使用未经国务院公布的简化汉字。大小写金额必须相符且填写规范，小写金额用阿拉伯数字逐个书写，不得写连笔字。在金额前要填写人民币符号"￥"，人民币符号"￥"与阿拉伯数字之间不得留有空白。金额数字一律填写到角、分，无角、分的，写"00"或符号"一"；有角无分的，分位写"0"，不得用符号"一"。大写金额用汉字壹、贰、叁、肆、伍、陆、柒、捌、玖、拾、佰、仟、万、亿、元、角、分、零、整等，一律用正楷或行书字书写。大写金额前未印有"人民币"字样的，应加写"人民币"三个字，"人民币"字样和大写余额之间不得留有空白。大写金额到元或角为止的，后面要写"整"或"正"字；有分的，不写"整"或"正"字。如小写余额为￥1 008.00，大写余额应写成"壹仟零捌元整"。

5. 编号要连续

如果原始凭证已预先印定编号，在写坏作废时，应加盖"作废"戳记，妥善保管，不得撕毁。

6. 不得涂改、刮擦、挖补

原始凭证有错误的，应当由出具单位重开或更正，更正处应当加盖出具单位印章。原始凭证金额有错误的，应当由出具单位重开，不得在原始凭证上更正。

7. 填制要及时

各种原始凭证一定要及时填写，并按规定的程序及时送交会计机构、会计人员进行审核。

五、记账凭证的含义

记账凭证又称记账凭单，是会计人员根据审核无误的原始凭证按照经济业务事项的内容加以归类，并据以确定会计分录后所填制的会计凭证。它是登记账簿的直接依据。由于在记账凭证中具体指明了应借、应贷的会计科目和金额，为此，记账凭证也叫做分录凭证。记账凭证可以根据每一张原始凭证编制，也可以根据同类原始凭证汇总编制或根据原始凭证汇总表编制。

记账凭证和原始凭证同属于会计凭证，但二者在填制人员、填制依据、填制内容、凭证用途等方面都有较大的差别。

记账凭证按其反映的经济业务的内容来划分，通常可以分为收款凭证、付款凭证和转账凭证三种，见表2-9。

表2-9 记账凭证的分类

记账凭证	含义
收款凭证	指用于记录库存现金和银行存款收款业务的会计凭证。它是根据有关库存现金和银行存款收入业务的原始凭证编制的
付款凭证	指用于记录库存现金和银行存款付款业务的会计凭证。它是根据有关库存现金和银行存款付出业务的原始凭证填制的
转账凭证	转账凭证是指用于记录不涉及库存现金和银行存款业务的会计凭证。它是根据不涉及库存现金和银行存款收付的有关转账业务的原始凭证填制的

六、记账凭证填制的基本内容

作为记账凭证必须具备以下一些基本内容：

（1）记账凭证的名称；

（2）填制记账凭证的日期；

（3）记账凭证的编号；

（4）经济业务事项的内容摘要；

（5）经济业务事项所涉及的会计科目及其记账方向；

（6）经济业务事项的金额；

（7）记账标记；

（8）所附原始凭证张数；

（9）会计主管、记账、审核、出纳、制单等有关人员签章。

七、记账凭证的编制要求

编制记账凭证，是会计核算的一个重要环节，是对原始凭证的整理和归类，并按复式记账的要求，运用会计科目，确定会计分录，作为登记账簿的依据。这不仅便于原始凭证的保管和查阅，也能保证记账工作的质量，简化了记账工作。记账凭证的编制要求有以下几点：

（1）记账凭证各项内容必须完整。

（2）记账凭证应连续编号。一笔经济业务需要填制两张以上记账凭证的，可以采用分数编号法编号。

（3）记账凭证的书写应清楚、规范。相关要求同原始凭证。

（4）记账凭证可以根据每一张原始凭证填制，或根据若干张同类原始凭证汇总编制，也可以根据原始凭证汇总表填制；但不得将不同内容和类别的原始凭证汇总填制在一张记账凭证上。

（5）除结账和更正错误的记账凭证可以不附原始凭证外，其他记账凭证必须附有原始凭证。

（6）填制记账凭证时若发生错误，应当重新填制。已登记入账的记账凭证在当年内发现填写错误时，可以用红字填写一张与原内容相同的记账凭证，在摘要栏注明"注销某月某日某号凭证"字样，同时再用蓝字重新填制一张正确的记账凭证，注明"订正某月某日某号凭证"字样。如果会计科目没有错误，只是金额错误，也可将正确数字与错误数字之间的差额另编一张调整的记账凭证，调增金额用蓝字，调减金额用红字。发现以前年度记账凭证有错误的，应当予以调账，用蓝字填制一张更正的记账凭证，将错误会计凭证对本期期初金额的影响给与抵消。

（7）记账凭证填制完经济业务事项后，如有空行，应当自金额栏最后一笔金额数字下的空行处至合计数上的空行处划线注销。

第三节　记录各种账簿

一、会计账簿的基本内容

各种账簿因记录的经济业务不同而不同，虽然账簿的种类和格式是多种多样的，但各种主要账簿都应具备以下基本内容：

1. 封面

封面主要标明账簿的名称，如总分类账、现金日记账、银行存款日记账等。

2. 扉页

扉页主要用来标明会计账簿的使用信息，如科目索引、账簿启用和经管人员一览表等。

3. 账页

账页是账簿用来记录经济业务事项的载体，其格式因反映经济业务内容的不同而有所不同。但其内容应当包括：

（1）账户的名称（一级会计科目、二级或明细科目）；

（2）登记账簿的日期栏；

（3）记账凭证的种类和号数栏；

（4）摘要栏（所记录经济业务内容的简要说明）；

（5）金额栏（记录经济业务的增减变动和余额）；

（6）总页次和分户页次栏。

二、会计账簿的启用

启用会计账簿时，应当在账簿封面上写明单位名称和账簿名称，并在账簿扉页上附启用表。在账簿扉页上应当填列"账簿启用登记表"（活页账、卡片账应在装订成册时填列），其内容包括启用日期、账簿页数、记账人员和会计机构负责人、会计主管人员姓名，并加盖名章和单位公章。记账人员或者会计机构负责人、会计主管人员调动工作时，应当注明交接日期、接办人员或者监交人员姓名，并由交接双方签名或者盖章。

启用订本式账簿应当从第一页到最后一页顺序编定页数，不得跳页、缺号。使用活页式账页应当按账户顺序编号，并须定期装订成册；装订后再按实际使用的账页顺序编定页码，另加目录，记明每个账户的名称和页次。

在年度开始启用新账簿时，为了保证年度之间账簿记录的相互衔接，应把上年度的年末余额，记入新账的第一行，并在摘要栏中注明"上年结转"或"年初余额"字样。

三、会计账簿的记账规则

（1）登记会计账簿时，应当将会计凭证日期、编号、业务内容摘要、金额和其他有关资料逐项记入账内，做到数字准确、摘要清楚、登记及时、字迹工整。

（2）登记完毕后，要在记账凭证上签名或者盖章，注明已经登账的符号表示已经记账。

（3）账簿中书写的文字和数字上面要留有适当空格，不要满格写，一般应占格距的1/2。

（4）登记账簿要用蓝黑墨水或者碳素墨水书写，不得使用圆珠笔（银行的复写账簿除外）或者铅笔书写。

（5）下列情况，可以用红色墨水记账：

①按照红字冲账的记账凭证，冲销错误记录；

②在不设借贷等栏的多栏式账页中，登记减少数；

③在三栏式账户的余额栏前，如未印明余额方向的，在余额栏内登记负数余额；

④根据国家统一会计准则的规定可以用红字登记的其他会计记录。

（6）各种账簿应按页次顺序连续登记，不得跳行、隔页。如果发生跳行、隔页，应当将空行、空页划线注销，或者注明"此行空白"、"此页空白"字样，并由记账人员签名或者盖章。

（7）凡需要结出余额的账户，结出余额后，应当在"借或贷"等栏内写明"借"或者"贷"等字样。没有余额的账户，应在"借或贷"栏内写"平"字，并在"余额"栏用"0"表示。

（8）每一账页登记完毕结转下页时，应当结出本页合计数及余额，写在本页最后一行和下页第一行有关栏内，并在摘要栏内注明"过次页"和"承前页"字样；也可以将本页合计数及金额只写在下页第一行有关栏内，并在摘要栏内注明"承前页"字样。

对需要结计本月发生额的账户，结计"过次页"的本页合计数应当为自本月初起至本页末止的发生额合计数；对需要结计本年累计发生额的账户，结计"过次页"的本页合计数应当为自年初起至本页末止的累计数；对既不需要结计本月发生额，也不需要结计本年累计发生额的账户，可以只将每页末的余额结转次页。

第三章　销售与收款循环的账务处理

本章导读

由于销售收入直接关系到企业财务成果，众多的会计舞弊行为经常发生在销售收入的虚构与低估上。在工业企业中，销售与收款循环是一个重要的过程，在这个过程中产品通过最终的销售体现价值。而其中的会计处理恰当与否就凸显的相当重要，关系到企业的经营业绩和财务风险。因此本章将主要介绍销售与收款循环的账务处理，主要内容包括如下：

(1) 销售循环的主要活动和相关凭证；

(2) 收入的定义和确认条件；

(3) 收入的账务处理；

(4) 结转主营业务成本的账务处理；

(5) 特殊销售方式下的商品销售；

(6) 销售货物以外的收款业务。

第一节　销售循环的主要活动和相关凭证

一、涉及的主要业务活动

了解企业在销售与收款循环中的典型活动，对该业务循环的审计非常必要。这里我们简单地介绍一下销售与收款循环所涉及的主要业务活动。

1. 接受顾客订单

顾客提出订货要求是整个销售与收款循环的起点。从法律上讲，这是购买某种货物或接受某种劳务的一项申请。顾客的订单只有在符合企业管理层的授权标准时，才能被接受。管理层一般都列出了已批准销售的顾客名单。销售单管理部门在决定是否同意接受某顾客的订单时，应追查该顾客是否被列入这张名单。如果该顾客未被列入，则通常需要由销售单管理部门的主管来决定是否同意销售。

很多企业在批准了顾客订单之后，下一步就应编制一式多联的销售单。销售单是证明管理层有关销售交易"发生"认定的凭据之一，也是此笔销售交易轨迹的起点。

2. 批准赊销信用

对于赊销业务，赊销批准是由信用管理部门根据管理层的赊销政策在每个顾客已授权的信用额度内进行的。信用管理部门的职员在收到管理部门的销售单后，应将销售单与该顾客已被授权的赊销信用额度以及至今尚欠的账款余额加以比较。执行人工赊销信用检查时还应合理划分工作职责，切实避免销售人员为扩大销售而使企业承受不适当的信用风险。

企业的信用管理部门应对每个新顾客进行信用调查，包括获取信用评审机构对顾客信用等级的评定报告。无论批准赊销与否，都要求被授权的信用管理部门人员在销售单上签署意见，然后再将已签署意见的销售单送回销售单管理部门。

设计信用批准控制的目的是为了降低坏账风险，因此，这些控制与应收账款账面余额的"计价和分摊"认定有关。

3. 按销售单供货

企业管理层通常要求商品仓库只有在收到经过批准的销售单时才能供货。设立这项控制程序的目的是为了防止仓库在未经授权的情况下擅自发货。因此，已批准销售单的一联通常应送达仓库。作为仓库按销售单供货和发货给装运部门的授权依据。

4. 按销售单装运货物

将仓库供货与装运货物职责相分离，有助于避免负责装运货物的职员在未经授权的情况下装运产品。此外，装运部门职员在装运之前，还必须进行独立验证，以确定从仓库提取的商品都附有经批准的销售单，并且，所提取商品的内容与销售单一致。

装运凭证是指一式多联的、连续编号的提货单，可由电脑或人工编制。按序归档的装运凭证通常由装运部门保管。装运凭证提供了商品确实已装运的证据，因此，它是证实销售交易"发生"认定的另一种形式的凭据。而定期检查以确定在编制的每张装运凭证后均已附有相应的销售发票，则有助于保证销售交易"完整性"认定的正确性。

5. 向顾客开具账单

开具账单包括编制和向顾客寄送事先连续编号的销售发票。这项功能所针对的主要问题是：①是否对所有装运的货物都开具了账单（即"完整性"认定问题）；②是否只对实际装运的货物才开具账单，有无重复开具账单或虚构交易（即"发生"认定问题）；③是否按已授权批准的商品价目表所列价格计价开具账单（即"准确性"认定问题）。

为了降低开具账单过程中出现遗漏、重复、错误计价或其他差错的风险，应设立以下的控制程序：

（1）开具账单部门职员在编制每张销售发票之前，独立检查是否存在装运凭证和相应的经批准的销售单；

（2）依据已授权批准的商品价目表编制销售发票；

（3）独立检查销售发票计价和计算的正确性；

（4）将装运凭证上的商品总数与相对应的销售发票上的商品总数进行比较。

上述控制程序有助于确保用于记录销售交易的销售发票的正确性。因此，这些控制与销售交易的"发生"、"完整性"以及"准确性"认定有关。销售发票副联通常由开具账单部门保管。

6. 记录销售

在手工会计系统中，记录销售的过程包括区分赊销、现销。按销售发票编制转账记账凭证或现金、银行存款收款凭证，再据以登记销售明细账和应收账款明细账或库存现金、银行存款日记账。

记录销售的控制程序包括以下内容：

（1）只依据附有有效装运凭证和销售单的销售发票记录销售。这些装运凭证和销售单应能证明销售交易的发生及其发生的日期。

（2）控制所有事先连续编号的销售发票。

（3）独立检查已处理销售发票上的销售金额同会计记录金额的一致性。

（4）记录销售的职责应与处理销售交易的其他功能相分离。

（5）对记录过程中所涉及的有关记录的接触予以限制，以减少未经授权批准的记录发生。

（6）定期独立检查应收账款的明细账与总账的一致性。

（7）定期向顾客寄送对账单，并要求顾客将任何例外情况直接向指定的执行者或记录销售交易的会计主管报告。

以上这些控制与"发生""完整性""准确性"以及"计价和分摊"认定有关。

对这项职能，注册会计师主要关心的问题是销售发票是否记录正确，并归属适当的会计期间。

7. 办理和记录现金、银行存款收入

这项功能涉及的是有关货款收回，现金、银行存款增加以及应收账款减少的活动。在办理和记录现金、银行存款收入时，最应关心的是货币资金失窃的可能性。货币资金失窃可能发生在货币资金收入登记入账之前或登记入账之后。处理货币资金收入时最重要的是要保证全部货币资金都必须如数、及时地记入库存现金、银行存款日记账或应收账款明细账，并如数、及时地将现金存入银行。在这方面，汇款通知单起着很重要的作用。

8. 办理和记录销售退回、销售折扣与折让

顾客如果对商品不满意，销售企业一般都会同意接受退货，或给予一定的销售折让；顾客如果提前支付货款，销售企业则可能会给予一定的销售折扣。发生此类事项时，必须经授权批准并应确保办理此事有关的部门和职员各司其职，分别控制实物流和会计处理。在这方面，严格

使用贷项通知单无疑会起到关键的作用。

9. 注销坏账

不管赊销部门的工作如何主动，顾客因经营不善、宣告破产、死亡等原因而不支付货款的事仍时有发生。销售企业若认为某项货款再也无法收回，就必须注销这笔货款。对这些坏账，正确的处理方法应该是获取货款无法收回的确凿证据，经适当审批后及时作会计调整。

10. 提取坏账准备

坏账准备提取的数额必须能够抵补企业以后无法收回的销货款。

二、涉及的主要凭证和会计记录

在内部控制比较健全的企业，处理销售与收款业务通常需要使用很多凭证和会计记录。典型的销售与收款循环所涉及的主要凭证和会计记录有以下几种：

1. 顾客订货单

顾客订货单即顾客提出的书面购货要求。企业可以通过销售人员或其他途径，如采用电信函和向现有的及潜在的顾客发送订货单等方式接受订货，取得顾客订货单。

2. 销售单

销售单是列示顾客所订商品的名称、规格、数量以及其他与顾客订货单有关信息的凭证，作为销售方内部处理顾客订货单的依据。

3. 发运凭证

发运凭证即在发运货物时编制的，用以反映发出商品的规格、数量和其他有关内容的凭据。发运凭证的　联寄送给顾客，其余联（一联或数联）由企业保留。这种凭证可用作向顾客开具账单的依据。

4. 销售发票

销售发票是一种用来表明已销售商品的规格、数量、价格、销售金额、开票日期、付款条件、运费和保险费等内容的凭证。销售发票的一联寄送给顾客，其余联由企业保留。销售发票是在会计账簿中登记销售交易的基本凭证。

5. 商品价目表

商品价目表是列示已经授权批准的、可供销售的各种商品的价格清单。

6. 贷项通知单

贷项通知单是一种用来表示由于销售退回或经批准的折让而引起的应收销货款减少的凭证。这种凭证的格式通常与销售发票的格式相同，只不过它不是用来证明应收账款的增加，而是用来证明应收账款的减少。

7. 应收账款明细账

应收账款明细账是用来记录每个顾客各项赊销、还款、销售退回及折让的明细账。各应收账款明细账的余额合计数应与应收账款总账的余额相等。

8. 主营业务收入明细账

主营业务收入明细账是一种用来记录销售交易的明细账。它通常记载和反映不同类别产品或劳务的销售总额。

9. 折扣与折让明细账

折扣和折让明细账是用来记录顾客销售折扣与销售折让情况的明细账。折扣是按销售合同规定为了及早收回货款而给予顾客的销售折扣。折让是因商品品种、质量等原因而给予顾客的销售折让。当然，企业也可以不设置折扣与折让明细账，而将该类业务记录于主营业务收入明细账。

10. 汇款通知书

汇款通知书是一种与销售发票一起寄给顾客、由顾客在付款时再寄回销售单位的凭证。这种凭证注明顾客的姓名、销售发票号码、销售单位开户银行账号以及金额等内容。如果顾客没有将汇款通知书随同货款一并寄回，一般应由收受邮件的人员在开拆邮件时再代编一份汇款通知书。采用汇款通知书能使现金立即存入银行，可以改善资产保管的控制。

11. 库存现金日记账和银行存款日记账

库存现金日记账和银行存款日记账是用来记录应收账款的收回或现

销收入以及其他各种现金、银行存款收入和支出的日记账。

12. 坏账审批表

坏账审批表是一种用来批准将某些应收款项注销为坏账的，仅在企业内部使用的凭证。

13. 顾客月末对账单

顾客月末对账单是一种按月定期寄送给顾客的用于购销双方定期核对账目的凭证。顾客月末对账单上应注明应收账款的月初余额、本月各项销售交易的金额、本月已收到的货款、各贷项通知单的数额以及月末余额等内容。

14. 转账凭证

转账凭证是指记录转账业务的记账凭证，它是根据有关转账业务（即不涉及现金、银行存款收付的各项业务）的原始凭证编制的。

15. 收款凭证

收款凭证是指用来记录现金和银行存款收入业务的记账凭证。

第二节　收入的定义和确认条件

一、收入的概念和特征

收入的概念和特征等介绍见表3-1。

表3-1　收入的概念和特征

收入的概念	收入的特征
企业在日常活动中形成的、会导致所有者权益增加的、与所有者投入资本无关的经济利益的总流入	（1）收入是企业在日常活动中形成的经济利益的总流入； （2）收入会导致企业所有者权益的增加； （3）收入与所有者投入资本无关

二、收入的分类

收入按不同的标准可进行不同的划分，详见表3-2。

表3-2　收入的分类

划分标准	分类	含义及具体内容
按企业从事日常活动的性质不同	销售商品收入	企业通过销售商品实现的收入。这里的商品包括企业为销售而生产的产品和为转售而购进的商品。企业销售的其他存货如原材料、包装物等也视同商品
	提供劳务收入	企业通过提供劳务实现的收入。比如，企业通过提供旅游、运输、咨询、代理、培训、产品安装等劳务所实现的收入
	让渡资产使用权收入	企业通过让渡资产使用权实现的收入。让渡资产使用权收入主要是指金融企业对外贷款形成的利息收入，及企业转让无形资产（如商标权、专利权、专营权、版权）等资产的使用权形成的使用费收入
按企业经营业务的主次不同	主营业务收入	企业为完成其经营目标所从事的经常性活动实现的收入。主营业务收入一般占企业总收入的较大比重，对企业的经济效益产生较大影响。通过"主营业务收入"科目核算，并通过"主营业务成本"科目核算为取得主营业务收入发生的相关成本
	其他业务收入	企业为完成其经营目标所从事的与经常性活动相关的活动实现的收入。其他业务收入属于企业日常活动中次要交易实现的收入，一般占企业总收入的比重较小。企业实现的原材料销售收入、包装物租金收入、固定资产租金收入、无形资产使用费收入等，通过"其他业务收入"科目核算，企业进行权益性投资或债权性投资取得的现金股利收入和利息收入，通过"投资收益"科目核算。通过"其他业务收入"科目核算的其他业务收入，需通过"其他业务成本"科目核算为取得其他业务收入发生的相关成本

三、收入的确认原则

收入的确认是一个非常重要的问题，它不仅关系到流转税纳税时间的确定，还会影响成本、费用的正确结转，以至于影响利润和应纳税所得额及应纳所得税额计算的正确性。同时还应注意区分会计核算上的收入确认与税法上作为纳税依据的收入确认，二者不能混为一谈。

（一）商品销售收入的确认

商品销售确认收入的条件见表3-3。

表3-3　商品销售收入的确认

商品销售收入的确认	确认的条件（需同时满足）
一般商品销售收入	（1）企业已将商品所有权上的主要风险和报酬转移给购货方；（2）企业既没有保留通常与所有权相联系的继续管理权，也没有对已售出的商品实施有效控制；（3）收入的金额能够可靠地计量；（4）相关的经济利益很可能流入企业；（5）相关的已发生或将发生的成本能够可靠地计量。 注意：商品包括企业为销售而生产的产品和为转售而购进的商品，如工业企业生产的产品、商业企业购进的商品等，企业销售的其他存货，如原材料、包装物等，也视同商品

（续表）

商品销售收入的确认		确认的条件（需同时满足）
几种特殊情况	需要安装和检验的商品销售	售出的商品需要安装、检验等，在购货方接受交货以及安装和检验完毕前一般不应确认收入。但如果安装程序比较简单，或检验是为最终确定合同价款所必须进行的程序，则可以在商品发出时或商品装运时确认收入
	附有销售退回条件的商品销售	购货方依照有关协议有权退货。如果企业能够按照以往的经验对退货的可能性作出合理估计，应在发出商品时，将估计不会发生退货的部分确认收入，估计可能发生退货的部分，不确认收入。如果企业不能合理地确定退货的可能性，则在商品销售退货期满时确认收入
	代销	视同买断情况下，委托方在交付商品时不确认收入，受托方也不作购进商品处理；受托方将商品销售后应按实际售价确认为销售收入，并向委托方开具代销清单，委托方收到清单时再确认本企业的销售收入。在受托方向委托方收取手续费这种代销方式下，委托方应在收到受托方开具的商品代销清单后确认收入；受托方在商品销售后，按收取的手续费确认收入
	分期收款销售	商品交付后，货款分期收回，企业应按照合同约定的收款日期确认销售收入

（二）提供劳务取得收入的确认

提供劳务交易、结果能够可靠估计的收入确认条件如图3-1所示。

（三）让渡资产使用权取得收入的确认

让渡资产使用权收入主要包括两类，即利息收入和使用费收入。企业对外出租资产收取的租金、进行债权投资收取的利息、进行股权投资取得的股利，也属于让渡资产使用权形成的收入。

提供劳务交易的结果能够可靠估计的收入确认条件（同时满足）

（1）收入的金额能够可靠地计量，是指提供劳务收入的总额能够合理地估计。

（2）相关的经济利益很可能流入企业，是指提供劳务收入总额收回的可能性大于不能收回的可能性。

（3）交易的完工进度能够可靠地确定，是指交易的完工进度能够合理地估计。企业确定提供劳务交易的完工进度。

（4）交易中已发生和将发生的成本能够可靠地计量，是指交易中已经发生和将要发生的成本能够合理地估计。

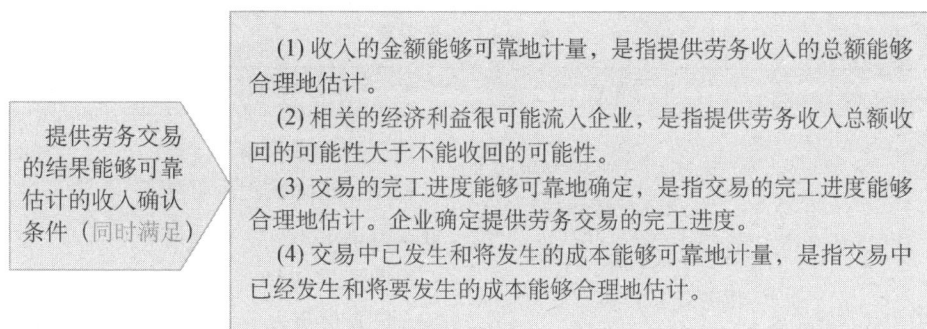

图 3-1　提供劳务交易结果能够可靠估计的收入确认条件

让渡资产使用权收入同时满足下列条件的，才能予以确认：一是相关的经济利益很可能流入企业；二是收入的金额能够可靠地计量。

第三节　收入的账务处理

收入按企业经营业务的主次分为主营业务收入和其他业务收入两类。对于不同的行业，收入的内容并不相同，因此，下面主要以工商企业为例说明有关收入的核算。

一、科目设置

科目设置情况见表 3-4。

表 3-4　科目设置

科目	科目设置目的	借贷项目	明细的设置
主营业务收入	为了总括地反映主营业务收入的实现情况；该科目核算企业商品销售、提供劳务及让渡资产使用权等发生的收入，企业发生的销货退回、销售折让都作为冲减商品销售收入处理	贷方登记销售商品、提供劳务及让渡资产使用权等取得的收入，借方登记发生的销货退回、销售折让。贷方余额为营业净收入，期末应将本科目的余额转入本年利润科目，结转后主营业务收入科目无余额	按主营业务的种类设置明细账
主营业务成本	核算企业销售商品、提供劳务或让渡资产使用权等的成本	借方登记销售各种商品、提供的各种劳务等的实际成本，贷方登记销售退回商品成本。期末将该科目余额转入本年利润科目，结转后该科目无余额	按主营业务的种类设置明细账
销售费用	核算企业为销售商品而发生的费用		
税金及附加	核算企业日常活动应负担的税金及附加，包括消费税、城市维护建设税、资源税和教育费附加等	借方登记按照规定计算出的企业应负担的税金及附加。期末将该科目余额转入本年利润科目，结转后一般无余额	

根据收入与费用相配比的原则，企业在确认一定时期主营业务收入的同时，必须确认为取得收入而发生的必要的耗费和支出。

二、一般销售业务的处理

企业销售商品、提供劳务符合收入确认原则的，应在收入确认时，将实现的收入记入主营业务收入科目，借记"银行存款"、"应收账款"、"应收票据"等科目，贷记"主营业务收入"、"应交税费——应交增值税（销项税额）"等科目。

（一）现金交易销售货物

按照国家有关规定，凡是独立核算的单位都必须在当地的银行开立账户，除按规定的限额保留库存现金外，超过限额的现金必须存入银行。除了在规定的范围内可以直接用现金支付的款项外，在经营过程中发生的一切货币收支业务，必须通过银行存款账户进行结算。

工业企业中承揽的零星加工业务、交易金额较小的购销货物等一些特殊业务可以通过现金结算。

销售货物开具发票后当即收到购买方交来的现金时，应按以下情况分别处理：

（1）如果收到的现金与发票金额正好相等，不需要开具普通收据，直接依据销售发票的收款方记账联填制现金收款凭证，借记"现金"科目，贷记"主营业务收入——××商品"科目，增值税销项税放在月末时集中处理。

【案例3-1】　现金交易销售货物的会计处理（收到的现金与发票金额相等）

蓝星化工设备厂在本公司一车间加工了5根轴，2×19年4月5日加工完毕后，车间业务经办人带着客户到公司财务部交款，合同金额为500元，由于金额较小，客户同意开具普通发票。

结算流程　公司开票员小红开具金额为500元的普通发票一张，出纳员李丽审核无误后，收取现金，并在发票的收款方记账联和付款方记账联上加盖发票专用章。然后将发票的付款方记账联交给客户，将收款方记账联交给会计。

账务处理　会计李星收到发票的收款方记账联后，根据该原始凭证填制记账凭证，如图3-2所示。

现 金 收 款 凭 证

借方科目	库存现金		2×19年4月5日						现字：第××号				

摘　　要	贷　方　科　目		金　　　额									记账符号
	总账科目	明细科目	百	十	万	千	百	十	元	角	分	
一车间零活	主营业务收入	工业性作业				5	0	0	0	0		√
	合　　　计					¥ 5	0	0	0	0		√

主管会计 李楷　　　稽核 李楷　　　记账 李星　　　制证 李星　　　出纳 李丽

图 3-2　现金收款凭证

填制完记账凭证后，将这张发票粘在记账凭证后，出纳人员根据这张凭证记了现金日记账后，会计再根据这张凭证登记主营业务收入明细账，记账后，在记账符号处打上√表示已经记账。

（2）如果收到的现金多于发票金额，应按差额开具普通收据，然后填制两张现金收款凭证，按发票金额，借记"库存现金"科目，贷记"主营业务收入——××商品"科目，按收据金额，借记"库存现金"科目，贷记"应收账款——××公司"科目。

【案例3-2】　现金交易销售货物的会计处理（收到的现金多于发票金额）

蓝星化工设备厂在本公司一车间加工了5根轴，2×19年4月7日加工完毕后，车间业务经办人带着客户到公司财务部交款，合同金额为500元，由于金额较小，客户同意开具普通发票。双方确认以前月份开过300元的普通发票，当时没有付款，现在一块付款。

结算流程　公司开票员小红开具金额为500的普通发票一张，出纳员李丽审核无误后，开具一张金额为300元的普通收据，收取现金，并在发票的收款方记账联和付款方记账联上加盖发票专用章。然后将发票的付款方记账联交给客户，将收款方记账联交给会计。

账务处理　会计李星收到发票的收款方记账联后，根据该原始凭证填制记账凭证，如图3-3所示。

现 金 收 款 凭 证

借方科目	库存现金		2×19年4月7日							现字：第××号			
摘　要	贷　方　科　目		金　　　额										记账符号
	总账科目	明细科目	百	十	万	千	百	十	元	角	分	
一车间零活	主营业务收入	工业性作业				5	0	0	0	0		√
合　　计					￥	5	0	0	0	0		√

主管会计 李楷　　　稽核 李楷　　　记账 李星　　　制证 李星　　　出纳 李丽

图3-3　现金收款凭证

然后根据收据的收款方记账联填制记账凭证，如图3-4所示。

现金收款凭证

| 借方科目 | 库存现金 | | 2×19年4月7日 | | | | | | | | 现字：第××号 | | |

摘　要	贷　方　科　目		金　　　额									记账
	总账科目	明细科目	百	十	万	千	百	十	元	角	分	符号
一车间零活	应收账款	蓝星化工设备厂					3	0	0	0	0	√
	合　　　计					¥	3	0	0	0	0	√

主管会计 李楷　　　稽核 李楷　　　记账 李星　　　制证 李星　　　出纳 李丽

图3-4　现金收款凭证

　　然后根据凭证出纳和会计分别登记现金日记账、应收账款明细账及主营业务收入明细账。记账后，在记账符号处打上√表示已经记账。

　　（3）如果收到的现金小于发票金额，理论上应按发票金额，借记"现金"，"应收账款"等科目，贷记"主营业务收入——××商品"科目。但由于专用的现金收款凭证借方只能是现金科目，因此，该业务必须分开走，依据发票收款方记账联填制转账凭证，借记"应收账款——××公司"科目，贷记"主营业务收入——××商品"科目，按实际收到的现金金额开具普通收据，根据普通收据收款方记账联，借记"现金"科目，贷记"应收账款——××公司"科目。

【案例3-3】　现金交易销售货物的会计处理（收到的现金小于发票金额）

　　蓝星化工设备厂在本公司一车间加工了5根轴，2×19年4月9日加工完毕后，车间业务经办人带着客户到公司财务部交款，合同金额为300元，由于金额较小，客户同意开具普通发票。双方确认以前月份曾交过200元的预收款当时未开发票，现在打算一块结算。

结算流程　公司开票员小红开具金额为 500 的普通发票一张，出纳员李丽审核无误后，开具一张金额为 300 元的普通收据，收取现金，并在发票的收款方记账联和付款方记账联上加盖发票专用章。然后将发票和收据的付款方记账联交给客户，将收款方记账联交给会计。

账务处理　会计李星收到发票和收据的收款方记账联后，先根据收据的收款方记账联填制记账凭证，然后凭普通发票的收款方记账联填制记账凭证，如图 3-5 和图 3-6 所示。

现 金 收 款 凭 证

借方科目	库存现金		2×19 年 4 月 9 日								现字：第××号			
摘　要	贷　方　科　目		金　　额										记账符号
	总账科目	明细科目	百	十	万	千	百	十	元	角	分		
一车间零活	应收账款	蓝星化工设备厂					3	0	0	0	0		√
合　　　计						¥	3	0	0	0	0		√

主管会计 李楷　　　稽核 李楷　　　记账 李星　　　制证 李星　　　出纳 李丽

图 3-5　现金收款凭证

转 账 凭 证

借方科目	应收账款		2×19 年 4 月 9 日								转字：第××号			
摘　要	贷　方　科　目		金　　额										记账符号
	总账科目	明细科目	百	十	万	千	百	十	元	角	分		
一车间零活	主营业务收入	工业性作业					5	0	0	0	0		√
合　　　计						¥	5	0	0	0	0		√

主管会计 李楷　　　稽核 李楷　　　记账 李星　　　制证 李星　　　出纳 李丽

图 3-6　转账凭证

　　然后根据凭证出纳和会计分别登记现金日记账、应收账款明细账及主营业务收入明细账。记账后，在记账符号处打上√表示已经记账。

（二）银行转账结算销售货物

银行转账结算方式有：转账支票结算、银行汇票结算、银行承兑汇票结算、电汇结算等方式。各个方式的结算程序和办法有所不同，具体如下。

1. 支票

支票是出票人签发、委托办理支票存款业务的银行在见票时无条件向收款人或者持票人支付确定的金额的票据。

支票分为现金支票、转账支票和普通支票。现金支票印有"现金"字样，可用于支取现金；转账支票只能用于转账；普通支票既可支取现金，又可转账，但左上角划有两条平行线的为划线支票，只能用于转账，不得支取现金。

支票的会计处理如下：付款的支票依据支票存根和有关原始凭证编制付款凭证；收款的支票应填写"进账单"连同支票送交银行，根据银行盖章退回的进账单第一联和有关原始凭证编制收款凭证。企业应按规定使用支票结算方式，明确支票的有关规定，如支票的提示付款期限为出票日起10天内，超过提示付款期限提示付款的，持票人开户银行不予付款。

支票的有关规定如下：

（1）支票的出票人应是在银行开立可以使用支票的存款单位和个人；

（2）禁止签发空头支票；

（3）按规定出具并填写支票；

（4）用于转账的支票在有效期限内可在同城票据交换区域内背书转让等。

2. 银行本票

银行本票是银行签发的、承诺自己在见票时无条件向收款人或者持票人支付确定的金额的票据。

银行本票分为不定额本票和定额本票（面额分别为 1 000 元、5 000 元、10 000 元和 50 000 元）。银行本票可用于转账，注明"现金"字样的可用于支取现金，但单位不得申请签发现金银行本票。

企业收到银行本票时，应填写进账单，连同银行本票一并送银行转账收款，根据银行盖章退回的进账单第一联和有关原始凭证编制收款凭证，借记"银行存款"科目，贷记"应收账款"等科目；付款企业申请使用银行本票，应填写"银行本票申请书"并依据存根联编制付款凭证，借记"其他货币资金"科目，贷记"银行存款"科目。

银行本票的提示付款期限为出票日起最长不得超过 2 个月，超过期限的银行不受理。在有效期限内收款人可以将银行本票背书转让给被背书人。

3. 银行汇票

银行汇票是出票银行签发的、由其在见票时按照实际结算金额无条件支付给收款人或者持票人的票据。

银行汇票可用于转账，填明"现金"字样的可用于支取现金。单位或个人各种款项结算均可使用这种结算方式，但签发现金银行汇票只适用于申请人和付款人均为个人，单位不得使用。银行汇票具有使用灵活、票随人到、兑现性强等特点。

企业取得银行汇票和解讫通知后，应根据"银行汇票申请书"存根联编制付款凭证，借记"其他货币资金"科目，贷记"银行存款"科目。收到付款单位的银行汇票和解讫通知，经审查无误后，在出票金额以内，据实际需要的款项办理结算，并将实际结算金额和多余金额准确、清晰地填入银行汇票和解讫通知的有关栏内，实际结算金额不得超过出票金额；向银行提示付款时，应将银行汇票和解讫通知、进账单一并交开户银行办理结算；据银行盖章退回的进账单第一联编制收款凭证，借记"银行存款"科目，贷记"应收账款"等科目。

按规定，银行汇票的出票和付款，全国范围限于中国人民银行和各商业银行参加"全国联行往来"的银行机构办理；银行汇票的提示付款期限为一个月，持票人超过付款期限提示付款的，代理付款人不予受理；代理付款人也不得受理未在本行开立存款账户的持票人为单位直接提交的银行汇票；收款人可以将银行汇票背书转让给被背书人，但银行汇票的背书转让以不超过出票金额的实际金额为准，未填写实际结算金额或实际结算金额超过出票金额的银行汇票不得背书转让；银行汇票的实际结算金额不得更改。

4. 商业汇票

商业汇票是出票人签发的、委托付款人在指定日期无条件支付确定的金额给收款人或者持票人的票据。

商业汇票按其承兑人的不同，分为商业承兑汇票和银行承兑汇票。商业承兑汇票由银行以外的付款人承兑，可由收款或是付款人签发；银行承兑汇票是存款人签发银行承兑的汇票，出票人应是在银行开立存款账户的法人以及其他组织，与付款人具有真实的委托付款关系，具有支付汇票金额的可靠资金来源。

商业汇票的规定有以下几点：

（1）定日付款或者出票后定期付款的商业汇票，持票人应当在汇票到期日前向付款人提示承兑；

（2）见票后定期付款的汇票，持票人应当自出票日起一个月内向付款人提示承兑；

（3）汇票未按照规定期限提示承兑的持票人丧失对其前手的追索权；

（4）经承兑的商业汇票，其付款期限最长不能超过6个月，定日付款的汇票付款期限自出票日起计算，并在汇票上记载具体的到期日，出票后定期付款的汇票付款期限自出票日起按月计算，并在汇票上记载，见票后定期付款的汇票付款期限自承兑或拒绝承兑日起按月计算并在汇票上记载；

（5）持票人应在提示付款期（自汇票到期日起10日）内通过开户银行委托收款，或直接向付款人提示付款；

（6）商业承兑汇票的付款人应在汇票到期日通过开户银行付款，银行承兑汇票的出票人（即付款人）应于汇票到期前将票款足额交存其开户银行，承兑银行应在汇票到期日或到期日后的一定期限内见票当日支付票款；

（7）符合条件的商业汇票的持票人可持未到期的商业汇票连同贴现凭证向银行申请贴现，贴现期限从其贴现之日起至汇票到期日止，实际贴现金额按票面金额扣除贴现日至汇票到期前 1 日的利息计算，承兑人在异地的，贴现的期限以及贴现利息的计算应另加 3 天的划款日期。

商业汇票在银行开立存款账户的法人以及其他组织之间使用，必须具有真实的交易关系或债权债务关系才能使用商业汇票。出票人不得签发无对价的商业汇票用以骗取银行或者其他票据当事人的资金。商业汇票可以在出票时向付款人提示承兑后使用，也可以在出票后先使用再向付款人提示承兑。

5. 托收承付

托收承付是根据购销合同由收款企业发货后，委托银行向异地付款单位收取款项、由付款单位向银行承付的一种结算方式。

企业按经济合同发货后，按规定签发托收承付结算凭证，连同发货单、运单、合同副本一并提交银行办理托收，在银行审查无误并予以受理后，作企业销货实现的账务处理。付款单位接到银行转来的结算凭证及附件后，经审查无误，据购销合同中规定的承付货款方式，办理货款的承付。验单付款的承付期为 3 天，验货付款的承付期为 10 天。若承认付款，应于承付时据托收承付结算凭证的承付通知和有关发票账单等原始凭证，编制付款凭证；对于既未承付又未拒付的款项，银行视为默认承付，付款单位应于规定的承付期满的次日，编制付款凭证；若付款单位全部或部分拒绝付款，必须填写"拒绝付款理由书"，注明拒绝付款理由，经开户银行审查同意的方可拒付，经开户银行审查理由不符合拒付规定的，开户银行不予受理，并要实行强制扣款。收款企业对于托收款项，应在收到银行的收账通知时，编制收款凭证。

使用托收承付结算方式的收款单位和付款单位，必须是国有企业、供销合作社以及经营管理较好并经开户银行审查同意的城乡集体所有制工业企业。办理托收承付结算的款项，必须是商品交易以及因商品交易而产生的劳务供应的款项。代销、寄销、赊销商品的款项，不得办理托收承付结算。据规定，收付双方使用托收承付结算必须签有符合《经济合同法》的购销合同，并在合同上订明使用托收承付结算方式；收付双方办理托收承付结算，必须重合同、守信用；收款单位办理托收，必须具有商品确已发运的证件；托收承付结算的每笔金额起点为 10 000 元，新华书店系统的托收承付结算每笔的金额可降到 1 000 元。

6. 委托收款

委托收款是收款人委托银行向付款人收取款项的一种结算方式。

收款企业委托银行收款时，应签发委托收款凭证，连同有关的债务证明向银行提交，银行审查无误予以受理后，如为销货后委托收款，企业应根据委托托收凭证回单及其他单据，作销货实现的会计处理。付款单位接到银行转来的委托收款凭证和有关附件后，应在接到通知日的次日起 3 日内付款，并编制付款凭证；如拒绝付款，应在付款期内出具拒绝证明，连同有关债务证明单据送交银行，由银行转交收款人。收款人在收到银行的收账通知时，根据收账通知编制收款凭证。

委托收款同城异地均可采用，单位或个人凭已经承兑的商业汇票、债券、存单等付款人债务证明办理款项的结算，均可以使用这种结算方式。

7. 汇兑

汇兑是汇款人委托银行将其款项支付给收款人的一种结算方式。

按凭证传送方法不同汇兑分为信汇和电汇两种。

汇款单位应在向银行办理汇款后，根据汇款回单编制付款凭证；收款人应在收到银行的收账通知时，据以编制收款凭证。

单位和个人的各种款项的结算，如各单位之间的商品交易、劳务供应、资金缴拨、清理旧账等，均可使用这种结算方式。

企业采用上述各种结算方式办理结算，必须遵守国家的法律、法规和中国人民银行颁布的《支付结算办法》等的各项规定，遵守结算纪律。严格按照《银行账户管理办法》的规定开立、使用账户，不准出租、出借账户。单位、个人和银行办理支付结算必须遵守下列原则：恪守信用，履约付款；谁的钱进谁的账，由谁支配；银行不垫款。

【案例 3-4】 银行汇票结算销售货物的会计处理

蓝星化工设备厂购买宏海有限公司产品机床一批，合同价 81 600 元（含税价），合同规定的履行方式是款清提货，2×19 年 5 月 9 日，蓝星化工有限公司业务员带来 81 600 元的银行汇票，交款提货，购买方要求开具增值税专用发票。

结算流程　公司开票员小红开具金额为 72 212.4 元的增值税专用发票一张，出纳员李丽审核无误后，收取客户送来的银行汇票，并在发票的收款方记账联和付款方记账联上加盖发票专用章。然后在银行汇票的第二联和第三联填写实际结算金额，并在汇票的背面"背书人"处填写"委托收款"的字样及日期，并加盖银行预留签章，在"被背书人"处填写开户银行名称，同时填写银行进账单，随银行汇票的第二联和第三联一块交到开户银行，由开户银行在银行进账单上加盖银行结算专用章后，收回银行进账单的回单（如图 3-7 所示）或收款通知。将它与增值税专用发票收款方记账联一块交给会计进行账务处理。

中国工商银行进账单（回单）
2×19 年 5 月 9 日

<table>
<tr><td rowspan="3">收款人</td><td>全　称</td><td>宏海有限公司</td><td rowspan="3">付款人</td><td>全　称</td><td colspan="10">蓝星化工设备厂</td></tr>
<tr><td>账号或地址</td><td>××</td><td>账号或地址</td><td colspan="10">××</td></tr>
<tr><td>开户银行</td><td>工行高新区支行</td><td>开户银行</td><td colspan="10">工行成华区支行</td></tr>
<tr><td colspan="3" rowspan="2">人民币（大写）：捌万壹仟陆佰元整</td><td>千</td><td>百</td><td>十</td><td>万</td><td>千</td><td>百</td><td>十</td><td>元</td><td>角</td><td>分</td></tr>
<tr><td></td><td></td><td>¥8</td><td>1</td><td>6</td><td>0</td><td>0</td><td>0</td><td></td><td>0</td></tr>
<tr><td>票据种类</td><td>银行汇票</td><td colspan="11" rowspan="2">收款人开户银行盖章：</td></tr>
<tr><td>票据张数</td><td>1</td></tr>
<tr><td colspan="3">单位主管 李楷　　会计 王波
复核　　　　　记账 李星</td><td colspan="11">中国工
商银行
高新区
支行
转讫</td></tr>
</table>

图 3-7　中国工商银行进账单（回单）

账务处理　会计李星在收到银行回单与增值税专用发票收款方记账联后进行填写会计凭证，如图 3-8 所示。

银行存款收款凭证

借方科目	银行存款		2×19年5月9日									银字：第××号
摘 要	贷 方 科 目		金				额					记账
	总账科目	明细科目	百	十	万	千	百	十	元	角	分	符号
销售机床款	主营业务收入	蓝星化工设备厂			7	2	2	1	2	4	0	√
销售机床款	应交税费	应交增值税				9	3	8	7	6	0	
	合 计		¥	8	1	6	0	0	0	0	0	√

主管会计 李楷　　稽核 李楷　　记账 李星　　制证 李星　　出纳 李丽

图3-8　银行存款收款凭证

填制完记账凭证后，将银行进账单和发票粘在记账凭证后，出纳人员根据这张凭证登记银行存款日记账后，会计再根据这张凭证登记主营业务收入明细账。记账后，在记账符号处打上√表示已经记账。

如果收到的票据是银行承兑汇票，应先在备查簿中登记，然后填制企业自制的票据入账单，依据票据入账单和发票的收款方记账联填制转账凭证，借记"应收票据"科目，贷记"主营业务收入——××商品"科目。

【案例3-5】　银行承兑汇票结算销售货物的会计处理

蓝星化工设备厂与宏海有限公司签订合同，定购宏海公司生产的铣车1台，合同总价50万元。该设备于2×19年6月1日完工。蓝星化工设备厂接到通知后，于2×19年6月10日，携带金额为50万元的银行承兑汇票1张来本公司办理结算并提货。

结算流程　出纳员李丽收到银行承兑汇票后，由公司开票员小红开具金额为50万元的增值税专用发票一张，李丽审核无误后，在发票上加盖发票专用章，将发票的付款方记账联和抵扣联交给客户，同时编制 1 张票据入账单（如图 3-9 所示），将票据入账单和发票的收款方记账联交给会计进行账务处理。最后还要在票据备查簿中做记录。

票据入账单

2×19 年 6 月 10 日

票据种类	交易单位	票据结算内容	交易类型	签发日期	到期日期	票据金额	利率
银行承兑汇票	蓝星化工设备厂	提货款	收到票据	2×19 年 6 月 8 日	2×19 年 9 月 8 日	500 000	

会计主管 李楷　　　　　审核 王玻　　　　　制单 李丽

图 3-9　票据入账单

账务处理　会计李星收到出纳员李丽转来的票据入账单和发票的收款方记账联后，填制记账凭证。如上例略。

（三）采用赊账方式销售

采用赊账方式销售货物的，货物发出后，直接依据销售发票的收款方记账联填写转账凭证，借记"应收账款——××公司"科目，贷记"主营业务收入——××商品"科目。以后收到银行存款收款单时，凭银行收款原始单证和普通收据收款方记账联，填制银行存款收款凭证，借记"银行存款——××银行"科目，贷记"应收账款——××公司"科目。

【案例 3-6】　采用赊销方式销售的会计处理（销售货物时）

2×19 年 6 月 1 日，蓝星化工设备厂购买宏海有限公司产品机床一批，合同价款为 56 万元（含税价），约定 3 个月后一次付清全部价款。

结算流程　公司开票员小红开具金额为 495 575.2 元的增值税专用发票一张，出纳员李丽审核无误后，在发票上加盖发票专用章，将发票的付款方记账联和抵扣联交给客户，将收款方记账联交给会计李星。

账务处理 会计李星在收到增值税专用发票收款方记账联后进行填写会计凭证，如图3-10所示。

转 账 凭 证

借方科目	应收账款		2×19年6月1日										转字：第××号	
摘 要	贷 方 科 目		金 额											记账
	总账科目	明细科目	百	十	万	千	百	十	元	角	分			符号
销售机床	主营业务收入	机床		4	9	5	5	7	5	2	0			√
销售机床	应交税费	应交增值税			6	4	4	2	4	8	0			
合 计			¥	5	6	0	0	0	0	0	0			√

主管会计 李楷   稽核 李楷   记账 李星   制证 李星   出纳 李丽

图 3-10 转账凭证

填制完记账凭证后，将增值税专用发票粘在记账凭证后，会计根据这张凭证登记主营业务收入明细账和应收账款明细账。记账后，在记账符号处打上√表示已经记账。

【案例3-7】 采用赊销方式销售的会计处理（办理清偿手续时）

接案例3-6。3个月后，蓝星化工设备厂相关人员携带56万元的转账支票办理清偿手续。

结算流程 李丽收到客户交来的转账支票后，开具金额为56万元的普通收据，并将收据的付款方记账联交给客户，然后按照案例3-4所介绍的程序，办理完进账程序后，将银行进账单交给会计李星。

账务处理 会计李星在收到收款方记账联后进行填写会计凭证，如图3-11所示。

银行存款收款凭证

| 借方科目 | 银行存款 | | 2×19年9月1日 | | | | | | | | | 银字：第××号 | |

摘　要	贷　方　科　目		金　　　额									记账符号
	总账科目	明细科目	百	十	万	千	百	十	元	角	分	
销售机床款	应收账款	蓝星化工设备厂		5	6	0	0	0	0	0	0	√
合　　计			¥	5	6	0	0	0	0	0	0	√

主管会计 李楷　　　稽核 李楷　　　记账 李星　　　制证 李星　　　出纳 李丽

图3-11　银行存款收款凭证

　　填制完记账凭证后，将银行进账单粘在记账凭证后，出纳根据这张凭证登记银行存款日记账，会计根据这张凭证登记应收账款明细账。记账后，在记账符号处打上√表示已经记账。

三、现金折扣和商业折扣

　　下面介绍发生现金折扣和商业折扣的会计核算处理。由于结算流程与前述几个案例相同，在此我们便不再重复，重点介绍会计分录的处理。

　　现金折扣和商业折扣的含义及处理方法见表3-5。

表3-5　现金折扣和商业折扣

	含义	处理方法
现金折扣	债权人为鼓励债务人在规定的期限内付款，而向债务人提供的债务扣除	现金折扣一般用符号"折扣/付款期限"表示。例如买方在10天内付款可按售价给予2%的折扣，用符号"2/10"表示；在30天内付款，则不给折扣，用符号"n/30"表示。 在存在现金折扣的情况下，应收账款应以未减去现金折扣的金额作为入账价值。实际发生的现金折扣，作为一种理财费用，计入发生当期的损益

（续表）

	含义	处理方法
商业折扣	企业根据市场供需情况，或针对不同的顾客，在商品标价上给予的扣除，是为鼓励客户购买本企业的产品而给予客户的价格优惠	企业应收账款入账金额应按扣除商业折扣以后的实际售价确认，是企业最常用的促销手段

1. 现金折扣

企业发生的应收账款在有现金折扣的情况下，采用总价法入账，发生的现金折扣作为财务费用处理。

【案例3-8】 应收账款有现金折扣时的会计处理

精工制造有限公司销售产品10 000元，规定的现金折扣条件为"2/10，n/30"，适用的增值税为13%，产品交付并办妥托收手续。

（1）发出商品时：

借：应收账款   113 000

    贷：主营业务收入   10 000

        应交税费——应交增值税（销项税额）   1 300

（2）收到货款时，根据购货企业是否得到现金折扣的情况入账。

如果上述货款在10天内收到：

借：银行存款   11 074

    财务费用   226

    贷：应收账款   11 300

（3）如果超过了现金折扣的最后期限：

借：银行存款   11 300

    贷：应收账款   11 300

2. 商业折扣

企业发生的应收账款，在有商业折扣的情况下，应按扣除商业折扣后的余额入账。

【案例3-9】　应收账款有商业折扣时的会计处理

精工制造有限公司销售一批产品，按价目表标明的价格计算，金额为 20 000 元，由于是成批销售，销货方给购货方 10% 的商业折扣，金额为 2 000 元，销货方应收账款的入账金额为 18 000 元，适用增值税率为 13%。销售额和折扣额在同一专用发票上注明。

（1）发出商品时：

借：应收账款　　　　　　　　　　　　　　　　　20 340

　　贷：主营业务收入　　　　　　　　　　　　　　18 000

　　　　应交税费——应交增值税（销项税额）　　　 2 340

（2）收到货款时：

借：银行存款　　　　　　　　　　　　　　　　　20 340

　　贷：应收账款　　　　　　　　　　　　　　　　20 340

第四节　结转主营业务成本的账务处理

一、结转已销产品成本

企业销售商品、提供劳务，通常在月份终了，汇总结转已销商品、已提供的各种劳务的实际成本。按结转的实际成本，借记"主营业务成本"科目，贷记"库存商品"、"劳务成本"等科目。

【案例3-10】　结转已销产品成本的会计处理

宏海制造有限公司 9 月 25 日按合同规定向其客户销售一批办公用品，其中甲产品的成本为 20 000 元，请分析以上经济业务并编制相应会计分录。

借：主营业务成本——甲产品　　　　　　　　　　20 000

　　贷：库存商品——甲产品　　　　　　　　　　　20 000

账务处理　成品库将商品出库单（财务记账联）转交给财务部门，财务部门审核后，根据出库单填制记账凭证，如图3-12所示。

转 账 凭 证

借方科目	主营业务成本		2019 年 9 月 31 日									转字：第××号		
摘 要	贷 方 科 目		金 额									记账符号		
	总账科目	明细科目	百	十	万	千	百	十	元	角	分			
结转成本	库存商品	甲产品			2	0	0	0	0	0	0	√		
合 计			¥		2	0	0	0	0	0	0	√		

主管会计 李楷　　　稽核 李楷　　　记账 李星　　　制证 李星

图 3-12 转账凭证

二、税金及附加的账务处理

企业销售商品、提供劳务，应按规定计算销售商品、提供劳务应交的消费税、增值税、资源税、城市维护建设税和教育费附加，按以主营业务收入为基础计算得出的应缴纳的各种税金和附加费，借记"税金及附加"科目，贷记"应交税费（按各税金分列明细科目）"、"其他应交款"等科目。

【案例 3-11】 税金及附加的会计处理

宏海制造公司 2×19 年 9 月末，共取得主营业务收入 300 000 万元，计算应缴纳的增值税为 12 000 元，城市维护建设税为 840 元，教育费附加为 360 元。会计分录为：

借：税金及附加 1 200

　　贷：应交税费——应交城市维护建设税 840

　　　　　　——应交教育费附加 360

账务处理 财务部门审核主营业务收入后，填制记账凭证，如图 3-13 所示。

转 账 凭 证

借方科目	税金及附加		2×19年9月31日							转字：第××号		
摘 要	贷 方 科 目		金 额									记账符号
	总账科目	明细科目	百	十	万	千	百	十	元	角	分	
结转应交税金	应交税费	城市维护建设税					8	4	0	0	0	√
结转应交税金	应交税费	教育费附加					3	6	0	0	0	
	合 计				¥	1	2	0	0	0	0	√

主管会计 李楷　　　稽核 李楷　　　记账 李星　　　制证 李星

图3-13　转账凭证

第五节　特殊销售方式下的商品销售

下面介绍几种特殊销售方式下商品销售的账务处理，由于结算程序不管是通过现金、银行存款还是通过赊账的方式都不发生太大变化，与一般销售下的结算程序基本一样，会计出纳的工作我们就不再介绍。主要讲解会计分录的处理。

一、分期付款方式下销售商品的会计处理

当商品发出时，按商品的实际成本，借记"分期收款发出商品"科目，贷记"库存商品"科目，采用计划成本（或售价）核算的企业，还应当分摊成本差异或进销差价；企业应在合同约定收款日期确认收入，借记"银行存款"、"应收账款"、"应收票据"等科目，贷记"主营业

务收入"、"应交税费——应交增值税（销项税额）"科目；在每期销售收入实现时，应按每期已收或应收的货款金额和商品全部销售成本与全部销售收入的比率，计算出本期应结转的销售成本，借记"主营业务成本"科目，贷记"分期收款发出商品"科目。

【案例3-12】　分期付款方式下销售商品的会计处理

某企业销售一台大型设备，全部价款20万元，不含增值税，分三期收款，按合同规定交付设备的第一期收取50%的价款，以后两期每期均收取25%的价款，该设备的成本为16万元。请编制以上经济业务的会计分录：

（1）发出该设备时：

借：分期收款发出商品　　　　　　　　　　　　　　160 000

　　贷：库存商品　　　　　　　　　　　　　　　　　160 000

（2）交付设备收取第一期50%的价款时：

借：银行存款　　　　　　　　　　　　　　　　　　113 000

　　贷：主营业务收入　　　　　　　　　　　　　　　100 000

　　　　应交税费——应交增值税（销项税额）　　　　 13 000

结转相应得主营业务成本：160 000×50% = 80 000（元）。

借：主营业务成本　　　　　　　　　　　　　　　　 80 000

　　贷：分期收款发出商品　　　　　　　　　　　　　 80 000

（3）第二期、第三期每期均收取价款的25%，即50 000元，相应每期结转的成本为40 000元。各期均应作如下会计分录：

借：银行存款　　　　　　　　　　　　　　　　　　 56 500

　　贷：主营业务收入　　　　　　　　　　　　　　　 50 000

　　　　应交税费——应交增值税（销项税额）　　　　　6 500

借：主营业务成本　　　　　　　　　　　　　　　　 40 000

　　贷：分期收款发出商品　　　　　　　　　　　　　 40 000

如果在合同约定日期顾客没有交付货款或者未交足规定货款，企业应借记"应收账款"科目，贷记相应科目。

二、委托代销商品的账务处理

委托代销商品的账务处理见表3-6。

表3-6 委托代销商品的账务处理

相关业务	会计处理
委托代销，发出代销商品时不确认收入的实现	按发出商品的实际成本，借记"委托代销商品"科目，贷记"库存商品"等科目
收到代销单位的代销清单时确认收入	借记"应收账款"科目，贷记"主营业务收入"、"应交税费——应交增值税（销项税额）"等科目。按代销商品的实际成本，借记"主营业务成本"科目，贷记"委托代销商品"科目
委托方支付手续费方式的，委托方收到代销清单	据应付的手续费，借记"营业费用"科目，贷记"应收账款"等科目

【案例3-13】 委托代销商品的会计处理

某企业委托甲商店代销A产品1 000件，单位售价1 130元（含13%的增值税），单位成本680元，于7月20日发出该批产品。次月20日收到甲商店转来的代销清单，上列售出400件，共收手续费5 000元。手续费的增值税税率为6%。其有关的会计分录为：

（1）发出该批产品时：

借：委托代销商品　　　　　　　　　　　　680 000

　　贷：库存商品——A产品　　　　　　　　680 000

（2）次月20日收到代销清单时：

借：应收账款——甲商店　　　　　　　　　452 000

　　贷：主营业务收入　　　　　　　　　　　400 000

　　　　应交税费——应交增值税（销项税额）　52 000

借：主营业务成本　　　　　　　　　　　　272 000

　　贷：委托代销商品——A产品（甲商店）　272 000

借：销售费用　　　　　　　　　　　　　　5 000

应交税费——应交增值税（进项税额）　　　　　300

　　贷：应收账款——甲商店　　　　　　　　　　　　5 300

（3）收到甲商店汇来的货款净额459 000元时：

借：银行存款　　　　　　　　　　　　　　　459 000

　　贷：应收账款——甲商店　　　　　　　　　　　459 000

三、受托代销商品的账务处理

受托代销商品的账务处理见表3-7。

表3-7　受托代销商品的账务处理

相关业务	会计处理
收到受托代销商品	按接收价，借记"受托代销商品"科目，贷记"代销商品款"科目
采取收取手续费方式代销的商品，售出受托代销商品	按售价和应收的增值税额，借记"银行存款"、"应收账款"等科目，按增值税销项税额，贷记"应交税费——应交增值税（销项税额）"科目，按应付委托单位的款项，贷记"应付账款——××委托代销单位"科目；按收到的专用发票上注明的增值税额，借记"应交税费——应交增值税（进项税额）"科目，贷记"应付账款——××委托代销单位"科目；同时，按接收价，借记"代销商品款"科目，贷记"受托代销商品"科目；计算代销手续费等收入，借记"应付账款——××委托代销单位"科目，贷记"主营业务收入"、"其他业务收入"科目；按支付给委托单位的代销款项，借记"应付账款——××委托代销单位"科目，贷记"银行存款"科目
不采取收取手续费方式代销的商品，售出受托代销商品	按售价和应收的增值税额，借记"银行存款"、"应收账款"等科目，按实现的营业收入，贷记"主营业务收入"、"其他业务收入"科目，按增值税销项税额，贷记"应交税费——应交增值税（销项税额）"科目。结转营业成本时，采用进价核算的，按接收价，借记"主营业务成本"、"其他业务支出"科目，贷记"受托代销商品"科目；同时，按接收价，借记"代销商品款"科目；按收到的专用发票上注明的增值。税额，借记"应交税费——应交增值税（进项税额）"，按应付委托单位的款项，贷记"应付账款——××委托代销单位"科目；按支付给委托单位的代销款项，借记"应付账款——××委托代销单位"科目，贷记"银行存款"科目

四、商品退回、销售折扣和销售折让的会计处理

（1）企业发生销货退回后，应按照有关的原始凭证，办理产品入库手续。

销售退回的会计处理见表3-8。

表3-8　销售退回的会计处理

销售退回	会计处理
本月发生已确认收入的	无论是属于本年度还是以前年度销售的产品，均应冲减本月的销售收入，"借记主营业务收入"科目，贷记"银行存款"、"应收账款"、"应付账款"等科目，并红字贷记"应交税费——应交增值税（销项税额）"科目；已经结转销售成本，同时应冲减同一月份的主营业务成本，借记"库存商品"科目，贷记"主营业务成本"科目
未确认收入的发出商品	按计入发出商品科目的金额，借记"库存商品"科目，贷记"发出商品"科目
资产负债表日及之前售出的商品在资产负债表日至财务会计报告批准报出日之内发生退回	作为资产负债表日后事项的调整事项处理

【案例3-14】　商品退回的会计处理

甲公司2×19年3月20日销售A商品一批，增值税专用发票上注明售价为350 000元，增值税税额是45 500元；该批商品成本为182 000元。A商品于2×19年3月20日发出，购货方于3月27日付款，甲公司对该项销售确认了销售收入。2×19年9月15日，该商品质量出现严重问题，购货方将该批商品全部退回给甲公司。甲公司同意退货，于退货当日支付了退货款，并按规定向购货方开具了增值税专用发票（红字）。甲公司应编制如下会计分录：

（1）销售实现时：

借：应收账款 395 500

　　贷：主营业务收入 350 000

　　　　应交税费——应交增值税（销项税额） 45 500

借：主营业务成本 182 000

　　贷：库存商品 182 000

（2）收到货款时：

借：银行存款 395 000

　　贷：应收账款 395 000

（3）销售退回时，已取得红字冲抵发票：

借：银行存款 -395 500

　　贷：应交税费——应交增值税（销项税额） -45 500

　　　　主营业务收入 -350 000

借：库存商品 182 000

　　贷：主营业务成本 182 000

（2）企业发生的销售折扣应在实际发生时计入财务费用；发生的销售折让应在发生时冲减当期销售收入。

【案例3-15】 销售折让的会计处理

长城公司上月售给AB公司的商品，因质量有问题，经双方协商同意给予3 000元折让及相应的增值税税额390元。该批产品的销售收入，已于上月确认入账，但货款尚未收到。根据有关凭证，应做下列关于折让的会计分录：

借：主营业务收入——销售折让 3 000

　　应付税费——应交增值税（销项税额） 390

　　贷：应收账款——AB公司 3 390

五、其他业务收入的核算和处理

企业应按规定相应地设置其他业务收入和其他业务支出科目进行核算。其他业务收入和其他业务支出的会计处理见表3-9。

表3-9　其他业务收入和其他业务支出的核算

科目	核算内容	会计处理
其他业务收入	其他业务收入科目核算企业除主营业务以外的其他经济业务（如材料销售、代购代销、固定资产出租、包装物出租等）所取得的收入	按实际价款借记"现金"、"银行存款"、"应收账款"、"应收票据"等科目，贷记"其他业务收入"科目和"应交税费"科目。月末将其他业务收入科目的余额转入本年利润科目，期末一般无余额。该科目应按其他业务的种类设置明细账
其他业务支出	其他业务支出科目核算企业除产品销售以外的其他销售或其他业务所发生的支出，包括销售成本、提供劳务而发生的相关成本、费用及交纳的税金等	借记"其他业务支出"科目，贷记"原材料"、"包装物"、"累计折旧"、"生产成本"、"应付职工薪酬"、"应交税费"、"银行存款"等有关科目。期末应将其他业务支出科目余额转入本年利润科目，结转后无余额。该科目应按其他业务的种类设置明细账

【案例3-16】　其他业务收入的会计处理（销售原材料）

甲公司销售一批原材料，开出的增值税专用发票上注明的售价为10 000元，增值税税额为1 300元，款项已由银行收妥。该批原材料的实际成本为9 000元。甲公司应编制如下会计分录：

（1）取得原材料销售收入：

借：银行存款	11 300
贷：其他业务收入	10 000
应交税费——应交增值税（销项税额）	1 300

（2）结转已销原材料的实际成本：

借：其他业务成本	9 000
贷：原材料	9 000

【案例3-17】 其他业务收入的会计处理（转让软件使用权［一次性］）

甲公司向乙公司转让某软件的使用权，一次性收取使用费 60 000元，不提供后续服务，款项已经收回。假定不考虑相关税费，甲公司确认使用费收入的会计分录如下：

借：银行存款 60 000
    贷：其他业务收入 60 000

【案例3-18】 其他业务收入的会计处理（转让商标使用权［每年收取使用费］）

甲公司向丁公司转让某商品的商标使用权，约定丁公司每年年末按年销售收入的 10% 支付使用费，使用期 10 年。第一年，丁公司实现销售收入 1 200 000 元；第二年，丁公司实现销售收入 1 800 000元。假定甲公司均于每年年末收到使用费，不考虑相关税费，甲公司确认使用费收入的会计分录如下：

（1）第一年年末确认使用费收入：

应确认的使用费收入 = 1 200 000 × 10% = 120 000（元）。

借：银行存款 120 000
    贷：其他业务收入 120 000

（2）第二年年末确认使用费收入：

应确认的使用费收入 = 1 800 000 × 10% = 180 000（元）。

借：银行存款 180 000
    贷：其他业务收入 180 000

第六节　销售货物以外的收款业务

一、费用报销

出差、开会等借支公款业务有两种处理方法，满收满支法和差额收支法。若采用满收满支法，借款时依据借款凭单支款联（即预付款付出记账凭证）填制现金或银行存款付款凭证，借记"其他应收款——×××"科目，贷记"现金"或"银行存款"科目。报账时先依据贷款凭单还款联（即预付款收回记账凭证）填制一张现金收款凭证冲回原来做的分录。然后依据费用报销单填制一张现金付款凭证，按实际报销金额，借记"营业费用——差旅费"科目，贷记"现金"科目。目前使用的借款凭单也是依据满收满支法设计的。

【**案例3-19**】　**出差费用报销的会计处理**

宏海公司的销售人员张丰于2×19年4月20日到财务部借出差款2 000元。2×19年4月28日报账，共发生差旅费2 100元。

结算流程1　借款时，张丰填制三联单的借款凭单，如图3-14所示。

借款单（1）

用途：出差						
金额大写：人民币贰仟元整				￥2000		
借款人：张丰				2×19年4月20日		
部门负责人指示：李钢						
年	月	日	报销金额	交回金额	补付金额	经办人签字

由借款人填写，交会计人员保存，等报销或还清后，退给借款人。

图3-14　借款单（1）

张丰填写后，经领导签字后，持第三联到部门办理支款手续。出纳员李丽付给他2 000元的现金。李丽在预付款付出记账凭证上加盖现金付讫章后，将其交给会计人员，预付款付出记账凭证如图3-15所示。

预付款付出记账凭证（2）

付款日期2×19年4月20日

用途：出差		
金额大写：人民币贰仟元整	￥2000	
借款人：张丰	2×19年4月20日	
部门负责人指示：李钢		
总账科目	备考	
明细账户		

由会计人员保存，作为记账凭证，不作欠款依据。

图3-15　预付款付出记账凭证（2）

账务处理1　会计李星根据预付款支出凭证填制记账凭证如图3-16所示。

现 金 付 款 凭 证

贷方科目	库存现金		2×19年4月20日			分号：现付字第××号								
摘　要	借　方　科　目		金　　额										记账符号
	总账科目	明细科目	千	百	十	万	千	百	十	元	角	分	
出差借款	其他应收款	张丰					2	0	0	0	0	0	√
合　　　计						￥	2	0	0	0	0	0	√

主管会计 李楷　　　稽核 李楷　　　记账 李星　　　制证 李星　　　出纳 李丽

图3-16　现金付款凭证

结算流程2 2×19年4月28日张丰回来后，整理出差期间的费用填写差旅费报销单，如图3-17所示。

差旅费报销单

摘要		金额					
出差事由	联系业务	千	百	十	元	角	分
项目　车费			5	0	0	0	0
住宿费		1	6	0	0	0	0
金额大写：贰仟壹佰元整	合计￥	2	1	0	0	0	0

部门负责人批示 李钢　　　　出纳员 李丽　　　　报销人 张丰

图3-17　差旅费报销单

出纳员李丽在审核无误后，在借款单和预付款收回记账凭证上的"报销金额"填写2 100元，补付金额100元，"年月日"填写报账时间，在经办人处签字。并在这两张凭证上加盖现金收讫章和在差旅费报销单上加盖现金付讫章。然后将这些报销单证和预付款收回记证凭证交给会计人员进行账务处理。预付款收回记账凭证如图3-18所示。

预付款收回记账凭证（3）

结算日期2×19年4月28日

用途：出差

金额大写：人民币贰仟元整　　　　　　　　　　￥2000

借款人：张丰　　　　　　　　　　　　2×19年4月20日

部门负责人指示：李钢

年	月	日	报销金额	交回金额	补付金额	经办人签字
			￥2 100.00		￥100.00	李丽

报销结清后作为回收预付款的原始凭证。

图3-18　预付款收回记账凭证（3）

账务处理2 会计李星根据报销单证和预付款收回凭证填写记账凭证，如图3-19和图3-20所示。

现 金 收 款 凭 证

借方科目	现金		2×19年4月28日										现字：第××号	
摘 要	贷 方 科 目		金 额										记账 符号
	总账科目	明细科目	千	百	十	万	千	百	十	元	角	分	
还出差借款	其他应收款	张丰					2	0	0	0	0	0	√
	合　　　计					¥	2	0	0	0	0	0	√

主管会计 李楷　　　稽核 李楷　　　记账 李星　　　制证 李星　　　出纳 李丽

图3-19　现金收款凭证

现 金 付 款 凭 证

贷方科目	库存现金		2×19年4月28日										现字：第××号	
摘 要	借 方 科 目		金 额										记账 符号
	总账科目	明细科目	千	百	十	万	千	百	十	元	角	分	
报销差旅费	营业费用	差旅费					2	1	0	0	0	0	√
	合　　　计					¥	2	1	0	0	0	0	√

主管会计 李楷　　　稽核 李楷　　　记账 李星　　　制证 李星　　　出纳 李丽

图3-20　现金付款凭证

然后将报销单证附在凭证后面，出纳和会计人员根据这张记账凭证分别登记现金日记账、其他应收款明细账和营业费用明细账。

若采用差额收支法，则需要将借款单改为 4 联，与满收满支法相比多了一联预付款差额收付记账凭证。借款时所做的分录及所依据的原始凭证同满收满支法，而报账时所做的分录可以分制两张记账凭证。先依据费用单据和记账凭证销证联填制一张转账凭证，借记"营业费用"科目，贷记"其他应收款"科目。然后再依据借款凭单收付差额联，将收回或支出的差额做一张现金收款或付款凭证，借记"现金"科目，贷记"其他应收款"科目，或者是借记"营业费用"科目，贷记"现金"科目。

二、政府补助

（一）政府补助的概念和特征

政府补助的概念和特征见表 3-10。

表3-10　政府补助的概念和特征

政府补助的概念	政府补助的特征
企业从政府无偿取的货币性资产或非货币性资产，但不包括政府作为企业所有者投入的资本	（1）政府补助是无偿的； （2）政府补助通常附有条件，主要包括政策条件和使用条件； （3）政府补助不包括政府的资本性投入

注："政府"包括各级人民政府以及政府组成部门（如财政、卫生部门）、政府直属机构（如税务、环保部门）等。联合国、世界银行等国际类似组织，也视同为政府。

（二）政府补助的主要形式

政府补助通常为货币性资产形式，最常见的就是通过银行转账的方式；但由于历史原因也存在无偿划拨非货币性资产的情况，随着市场经济的逐步完善，这种情况已经趋于消失。对不同形式的政府补助的介绍见表 3-11。

表 3-11 政府补助的主要形式

政府补助的主要形式	含义	相关内容
财政拨款	政府为了支持企业而无偿拨付的款项	为体现财政拨款的政策引导作用，这类拨款通常具有严格的政策条件，只有符合申报条件的企业才能申请拨款；同时附有明确的使用条件，政府在批准拨款时就规定了资金的具体用途
财政贴息	政府为支持特定领域或区域发展，根据国家宏观经济形势和政策目标，对承贷企业的银行贷款利息给予的补贴	补贴对象通常是符合申报条件的某类项目，例如农业产业化项目、中小企业技术创新项目等
税收返还	政府向企业返还的税款，属于以税收优惠形式给予的一种政府补助	税收返还主要包括先征后返的所得税和先征后退、即征即退的流转税，其中，流转税包括增值税、消费税和营业税等

（三）政府补助的会计核算

1. 与资产相关的政府补助

与资产相关的政府补助，是指企业取得的、用于购建或以其他方式形成长期资产的政府补助。企业收到或应收的与资产相关的政府补助，借记"银行存款"、"其他应收款"等科目，贷记"递延收益"。在相关资产使用寿命内分配递延收益，借记"递延收益"科目，贷记"营业外收入"科目。

【案例3-20】　与资产相关的政府补助的会计处理

2×11年1月1日，东华市人民政府拨付精工制造有限公司500万元财政拨款（同日到账），要求用于购买大型科研设备1台；并规定若有结余，留归企业自行支配。2×11年2月1日，精工制造有限公司购入大型设备（假设不需安装），实际成本为480万元，使用寿命为10年。2×19年2月1日，精工制造有限公司出售了这台设备。精工制造有限公司的会计处理如下：

（1）2×11年1月1日实际收到财政拨款，确认政府补助：

借：银行存款　　　　　　　　　　　　　　　　5 000 000

　　贷：递延收益　　　　　　　　　　　　　　　　5 000 000

（2）2×11年2月1日购入设备：

①结余的处理。结余需要上交或部分上交的，按需上交的金额冲减"递延收益"；不需上交的结余，记入当期营业外收入：

借：递延收益　　　　　　　　　　　　　　　　200 000

　　贷：营业外收入　　　　　　　　　　　　　　　200 000

②分配递延收益。自2×11年2月起，每月分配递延收益：

借：递延收益　　　　　　　　　　　　　　　　40 000

　　贷：营业外收入　　　　　　　　　　　　　　　40 000

（3）2×19年2月1日出售设备，转销递延收益余额：

借：递延收益　　　　　　　　　　　　　　　　960 000

　　贷：营业外收入　　　　　　　　　　　　　　　960 000

2. 与收益相关的政府补助

对与收益相关的政府补助的含义、意义及会计处理的介绍见表3-12。

表 3-12　与收益相关的政府补助的会计处理

与收益相关的政府补助含义	意义	会计处理
除与资产相关的政府补助之外的政府补助	用于补偿企业以后期间相关费用或损失的	按收到或应收的金额，借记"银行存款"、"其他应收款"等科目，贷记"递延收益"科目。在发生相关费用或损失的未来期间，按应补偿的金额，借记"递延收益"科目，贷记"营业外收入"科目。用于补偿企业已发生 的相关费用或损失的，按收到或应收的金额，借记"银行存款"、"其他应收款"等科目，贷记"营业外收入"科目

第四章 购货与付款循环
的账务处理

本章导读

某企业在为职工购买皮衣时，因属违规行为，不敢直接列报，就采取弄虚作假的错误做法，在购买服装付款时，要求对方不按皮装开具，而将服装换成为一般生产用材料和运杂费来填写发票，财会部门收到对方填写的虚假发票和有关结算凭证时，作如下账务处理：

借：材料采购

    贷：银行存款

企业为了掩盖真相，又办理了假入库和假出库手续，但是最终被审计人员检查出来。所以我们要按照会计准则的相关规定来处理采购环节的账务。购货与付款循环是工业企业的一个重要循环，工业企业要进行生产首先要购买原材料，然后再加工生产。本章主要介绍购货过程中的会计处理，而购货就发生付款行为，所以结合购货介绍付款的流程和账务处理，让初学会计的工作人员对购货和付款循环中会计工作有个整体把握。本章主要内容包括：

（1）购货与付款循环的主要业务活动和相关凭证；

（2）存货概述；

（3）材料采购的账务处理；

（4）购入低值易耗品、固定资产和无形资产的会计处理。

第一节　购货与付款循环的主要业务活动和相关凭证

一、购货与付款循环涉及的主要业务活动

在一个企业，如可能的话，应将各项职能活动指派给不同的部门或职员来完成。这样，每个部门或职员都可以独立检查其他部门和职员工作的正确性。下面以采购商品为例，分别阐述采购与付款循环所涉及的主要业务活动。

1. 请购商品和劳务

仓库负责对需要购买的已列入存货清单的项目填写请购单，其他部门也可以对所需要购买的未列入存货清单的项目编制请购单。大多数企业对正常经营所需物资的购买均作一般授权。比如，仓库在现有库存达到再订购点时就可直接提出采购申请，其他部门也可为正常的维修工作和类似工作直接申请采购有关物品。但对资本支出和租赁合同，企业政策则通常要求作特别授权，只允许指定人员提出请购。请购单可由手工或计算机编制。由于企业内不少部门都可以填列请购单，不便事先编号，为加强控制，每张请购单必须经过对这类支出预算负责的主管人员签字批准。

2. 编制订购单

采购部门在收到请购单后，只能对经过批准的请购单发出订购单。对每张订购单，采购部门应确定最佳的供应来源。对一些大额、重要的采购项目，应采取竞价方式来确定供应商，以保证供货的质量、及时性和成本的低廉。

订购单应正确填写所需要的商品名、数量、价格、厂商名称和地址等，预先予以编号并经过被授权的采购人员签名。其正联应送交供应商，副联则送至企业内部的验收部门、应付凭单部门和编制请购单的部

门。随后，应独立检查订购单的处理，以确定是否确实收到商品并正确入账。

3. 验收商品

有效的订购单代表企业已授权验收部门接受供应商发运来的商品。验收部门首先应比较所收商品与订购单上的要求是否相符，如商品的品名、说明、数量、到货时间等，然后再盘点商品并检查商品有无损坏。

验收后，验收部门应对已收货的每张订购单编制一式多联、预先编号的验收单，作为验收和检验商品的依据。验收人员将商品送交仓库或其他请购部门时，应取得经过签字的收据，或要求其在验收单的副联上签收，以确立他们所采购的资产应负的保管责任。验收人员还应将其中的一联验收单送交应付凭单部门。

4. 储存已验收的商品存货

将已验收商品的保管与采购的其他职责相分离，可减少未经授权的采购和盗用商品的风险。存放商品的仓储区应相对独立，限制无关人员接近。

5. 编制付款凭单

记录采购交易之前，应付凭单部门应编制付款凭单。这项功能的控制包括：

（1）确定供应商发票的内容与相关的验收单、订购单的一致性。

（2）确定供应商发票计算的正确性。

（3）编制有预先编号的付款凭单，并附上支持性凭证（如订购单、验收单和供应商发票等）。这些支持性凭证的种类，因交易对象的不同而不同。

（4）独立检查付款凭单计算的正确性。

（5）在付款凭单上填入应借记的资产或费用账户名称。

（6）由被授权人员在凭单上签字，以示批准照此凭单要求付款。所有未付凭单的副联应保存在未付凭单档案中，以待日后付款。经适当批准和有预先编号的凭单为记录采购交易提供了依据。

6. 确认与记录负债

正确确认已验收货物和已接受劳务的债务，要求准确、及时地记录负债。该记录对企业财务报表反映和企业实际现金支出有重大影响。因此，必须特别注意，按正确的数额记载企业确实已发生的购货和接受劳务事项。

应付账款确认与记录相关部门一般有责任核查购置的财产并在应付凭单登记簿或应付账款明细账中加以记录。在收到供应商发票时，应付账款部门应将发票上所记载的品名、规格、价格、数量、条件及运费与订货单上的有关资料核对，如有可能，还应与验收单上的资料进行比较。

在手工系统下，应将已批准的未付款凭单送达会计部门，据以编制有关记账凭证和登记有关账簿。会计主管应监督为采购交易而编制的记账凭证中账户分类的适当性；通过定期核对编制记账凭证的日期与凭单副联的日期，监督入账的及时性。而独立检查会计人员则应核对所记录的凭单总数与应付凭单部门送来的每日凭单汇总表是否一致，并定期独立检查应付账款总账余额与应付凭单部门未付款凭单档案中的总金额是否一致。

7. 付款

通常是由应付凭单部门负责确定未付款凭单在到期日付款。企业有多种款项结算方式，以支票结算方式为例，编制和签署支票的有关控制包括：

（1）独立检查已签发支票的总额与所处理的付款凭单总额的一致性。

（2）应由被授权的财务部门人员负责签署支票。

（3）被授权签署支票的人员应确定每张支票都附有一张已经适当批准的未付款凭单，并确定支票收款人姓名和金额与凭单内容的一致。

（4）支票一经签署就应在其凭单和支付性凭证上用加盖印戳或打洞等方式将其注销，以免重复付款。

（5）支票签署人不应签发无记名甚至空白的支票。

（6）支票应预先连续编号，保证支出支票存根的完整性和作废支票处理的恰当性。

（7）应确保只有被授权的人员才能接近未经使用的空白支票。

8. 记录现金、银行存款支出

仍以支票结算方式为例，在手工系统下，会计部门应根据已签发的支票编制付款记账凭证，并据以登记银行存款日记账及其他相关账簿。

（1）会计主管应独立检查记入银行存款日记账和应付账款明细账金额的一致性，以及与支票汇总记录的一致性。

（2）通过定期比较银行存款日记账记录的日期与支票副本的日期，独立检查入账的及时性。

（3）独立编制银行存款余额调节表。

二、采购与付款业务涉及的主要凭证

采购与付款交易通常要经过请购——订货——验收——付款这样的程序，与销售与收款交易一样，在内部控制比较健全的企业，处理采购与付款业务通常需要使用很多凭证和会计记录。典型的采购与付款循环所涉及的主要凭证和会计记录有以下几种：

1. 请购单

请购单是由产品制造、资产使用等部门的有关人员填写，送交采购部门，申请购买商品、劳务或其他资产的书面凭证。

2. 订购单

订购单是由采购部门填写，向另一企业购买订购单上所指定商品、劳务或其他资产的书面凭证。

3. 验收单

验收单是收到商品、资产时所编制的凭证，列示从供应商处收到的商品、资产的种类和数量等内容。

4. 卖方发票

卖方发票是供应商开具的，交给买方以载明发运的货物或提供的劳务、应付款金额和付款条件等事项的凭证。

5. 付款凭单

付款凭单是采购方企业的应付凭单部门编制的，载明已收到商品、资产或接受劳务的厂商、应付款金额和付款日期的凭证。付款凭单是采购方企业内部记录和支付负债的授权证明文件。

6. 转账凭证

转账凭证是指记录转账交易的记账凭证，它是根据有关转账业务

（即不涉及库存现金、银行存款收付的各项业务）的原始凭证编制的。

7. 付款凭证

付款凭证包括现金付款凭证和银行存款付款凭证，是指用来记录库存现金和银行存款支出业务的记账凭证。

8. 应付账款明细账

记录应付账款的各种明细账。

9. 库存现金日记账和银行存款日记账

记录库存现金和银行存款的日记账。

10. 卖方对账单

卖方对账单是由供货方按月编制的，标明期初余额、本期购买、本期支付给卖方的款项和期末余额的凭证。卖方对账单是供货方对有关交易的陈述，如果不考虑买卖双方在收发货物上可能存在的时间差等因素，其期末余额通常应与采购方相应的应付账款期末余额一致。

第二节　存货概述

一、存货的含义及确认条件

存货的含义及确认条件见表4-1。

表4-1　存货的含义及确认

项目	内容
存货的含义	企业在生产经营过程中为销售或耗用而储存的各种资产
存货确认为资产的条件（同时满足）	（1）与该存货有关的经济利益很可能流入企业； （2）该存货的成本能够可靠地计量

二、存货的特点

存货的特点见表4-2。

表4-2　存货的特点

项目	内容
存货的特点	属于有形资产：具有实物形态。会计核算上，既要以货币提供价值指标，又要反映实物数量
	较强的流动性：处于不断销售、耗用、购买或重置中，属于企业的流动资产
	有实效性和发生潜在损失的可能性：存货能给企业带来经济利益，如存货陈旧过时，或因保管不善而毁损，则会给企业带来损失
	实物流动与价值流动存在着不一致：存货的价值一般情况下是一次性转移的，并随着销售的实现一次性得到补偿；但价值流动与实物流动并不一致

三、存货的分类

存货的分类见表4-3。

表4-3　存货的分类

存货的类别	具体含义
原材料	企业在生产过程中经加工改变其形态或性质并构成产品主要实体的各种原料及主要材料、辅助材料、燃料、修理用备件（备品备件）、包装材料、外购半成品（外购件）等
在产品	企业正在制造尚未完工的生产物，包括正在各个生产工序加工的产品和已加工完毕但尚未检验或已检验但尚未办理入库手续的产品
半成品	经过一定生产过程并已检验合格交付半成品仓库保管，但尚未制造完工成为产成品，仍需进一步加工的中间产品
产成品	工业企业已经完成全部生产过程并已验收入库，可以按照合同规定的条件送交订货单位，或者可以作为商品对外销售的产品。企业接受来料加工制造的代制品和为外单位加工修理的代修品，制造和修理完成验收入库后，应视同企业的产成品
商品	商品流通企业外购或委托加工完成验收入库用于销售的各种商品

（续表）

存货的类别	具体含义
包装物	为了包装本企业的商品而储备的各种包装容器，如桶、箱、瓶、坛、袋等。其主要作用是盛装、装满产品或商品
委托代销商品	企业委托其他单位代销的商品
低值易耗品	不能作为固定资产核算的各种用具物品，如工具、管理用具、玻璃器皿、劳动保护用品，以及在经营过程中周转使用的容器等

四、存货的计价

存货应当按照成本进行初始计量。存货成本包括采购成本、加工成本和其他成本。

外购存货是指企业通过购买而获得的各种存货，包括原材料、库存商品、低值易耗品等，以这种方式取得的存货的初始成本主要由采购成本构成。外购存货的采购成本构成见表4-4。

表4-4　存货的采购成本

存货的采购成本	包含的内容
购买价款	企业购入材料或商品的发票账单上列明的价款，但不包括按规定可以抵扣的增值税税额
相关税费	企业购买、自制或委托加工存货所发生的消费税、资源税和不能从增值税销项税额中抵扣的进项税额等
其他可归属于存货采购成本的费用	如在存货采购过程中发生的仓储费、包装费、运输途中的合理损耗、入库前的挑选整理费用等。这些费用能分清负担对象的，应直接计入存货的采购成本；不能分清负担对象的，应选择合理的分配方法，分配计入有关存货的采购成本，分配方法通常包括按所购存货的重量或采购价格的比例进行分配

注：其他可归属于存货采购成本的费用等，应当计入存货的采购成本，也可以先进行归集，期末再根据所购商品的存销情况进行分摊。对于已售商品的进货费用，计入当期损益；对于未售商品的进货费用，计入期末存货成本。企业采购商品的进货费用金额较小的，可以在发生时直接计入当期损益。

采购过程中如果遇到物资毁损或短缺，其会计处理见表4-5。

表4-5　采购过程中物资毁损、短缺的会计处理

情况类别	会计处理
合理的损耗	作为存货的"其他可归属于存货采购成本的费用"计入采购成本
其他情况	（1）应从供应单位、外部运输机构等收回的物资短缺或其他赔款，冲减物资的采购成本； （2）因遭受意外灾害发生的损失和尚待查明原因的途中损耗，不得增加物资的采购成本，应暂作为待处理财产损溢进行核算，在查明原因后再作处理

第三节　材料采购的账务处理

一、现金交易购进材料的账务处理

通过现金交易购进材料的按下列情况分别进行账务处理：

（一）支付的现金与发票金额相等

如果支付的现金与发票金额相等，可直接依据销售发票填制现金付款凭证，借记"原材料——××"，"应交税费——应交增值税（进项税额）"等科目。按含税价贷记"库存现金"科目。收到普通发票的则直接借记"原材料——××"科目，贷记"库存现金"科目。

【案例4-1】　现金交易购进材料的会计处理（支付的现金与发票金额相等）

2×19年4月1日，采购员小刚采购一批材料，金额较小，当场用现金支付，取得500元普通发票一张。

结算流程　小刚回到公司后，持发票和所购货物到仓库办理验收，由仓库保管员在材料验收单上填写详细信息并签字。需要质量检查的，还需质量检查员检查并签字。办完验收手续后，保管员将验收单的第一联和第二联交给采购员，自己留下第三联和第四联，月末时，将第四联交到财务部。

办完验收手续后，小刚到财务部将发票和验收单交给出纳人员，出纳审核后，在验收单的右下方加盖报销专用章。让小刚在报销单中填写收现金金额、单据张数、并签字后，收回报销凭证，将500元现金交给小刚，然后在发票正面加盖现金付讫章，将报销单据交给会计进行账务处理。

账务处理 会计根据出纳员李丽转来的发票和验收单后，填写记账凭证，如图4-1所示。

现 金 付 款 凭 证

贷方科目	库存现金	2×19年4月1日							分号：现付字第××号					
摘　　要	借　方　科　目		金　　　额											记账符号
	总账科目	明细科目	千	百	十	万	千	百	十	元	角	分		
采购材料	材料	××						5	0	0	0	0	√
合　　　计							¥	5	0	0	0	0	√

主管会计 李楷　　　　稽核 李楷　　　　记账 李星　　　　制证 李星　　　　出纳 李丽

图4-1　现金付款凭证

填完记账凭证后，将这些报销单证附在记账凭证后，出纳和会计人员分别根据记账凭证登记现金日记账和材料明细账。

（二）支付的现金多于发票金额

当支付的现金多于发票金额时，应主动要求销售方按差额开具作为资金往来的收据。账务处理时，可按发票和收据分别填制现金付款凭证，按增值税专用发票的金额借记"原材料——××"，"应交税费——应交增值税（进项税额）"等科目。按含税价贷记"库存现金"科目。收到普通发票的则直接借记"原材料——××"科目，贷记"库存现金"科目。按收据的金额，借记"应付账款——××公司"科目，贷记"库存现金"科目。

【案例4-2】　现金交易购进材料的会计处理（支付的现金多于发票金额）

2×19年4月8日，采购员小刚采购一批材料，金额较小，当场用现金支付，取得500元普通发票一张。提货时，对方公司提出结清以前月份已开发票而尚未结算的1 000元货款，才能发货。小刚回家取来现金，付清全部货款，对方公司又开具了1 000元的普通收据，将收据和发票的付款方记账联交给小刚，同时提走货物。

结算流程　小刚回到公司后，持发票和所购货物到仓库办理验收，由仓库保管员在材料验收单上填写详细信息并签字。需要质量检查的，还需质量检查员检查并签字。办完验收手续后，保管员将验收单的第一联和第二联交给采购员，自己留下第三联和第四联，月末时，将第四联交到财务部。将收据交给采购部门负责人签字，采购部负责人在收据上批示"请财务付款"，并签上了自己的姓名。

办完验收手续后，小刚到财务部将发票、收据和验收单交给出纳人员，出纳审核后，在验收单的右下方加盖报销专用章。让小刚在报销单中填写收现金金额、单据张数、并签字后，收回报销凭证，将1 500元现金交给小刚，然后在发票和收据正面加盖现金付讫章，将报销单据交给会计进行账务处理。

账务处理　会计根据出纳员李丽转来的发票、收据和验收单后，填写记账凭证，如图4-2所示。

现金付款凭证

贷方科目	库存现金		2×19年4月8日				分号：现付字第××号						
摘　要	借　方　科　目		金　　额										记账
	总账科目	明细科目	千	百	十	万	千	百	十	元	角	分	符号
采购材料	原材料	××					5	0	0	0	0		√
合　　计							¥	5	0	0	0	0	√

主管会计 李楷　　稽核 李楷　　记账 李星　　制证 李星　　出纳 李丽

图4-2　现金付款凭证

同时根据普通收据付款方记账联填制记账凭证，如图4-3所示。填完记账凭证后，将这些报销单证附在记账凭证后，出纳和会计人员分别根据记账凭证登记现金日记账、材料明细账和应付账款明细账。

现 金 付 款 凭 证

贷方科目	库存现金		2×19年4月8日				分号：现付字第××号						
摘 要	借 方 科 目		金 额										记账
	总账科目	明细科目	千	百	十	万	千	百	十	元	角	分	符号
采购材料	应付账款	××公司				1	0	0	0	0	0		√
	合 计				￥	1	0	0	0	0	0		√

主管会计 李楷　　　稽核 李楷　　　记账 李星　　　制证 李星　　　出纳 李丽

图4-3　现金付款凭证

（三）支付的现金少于发票金额

如果支付的现金少于发票金额时，理论上应借记"原材料——××"、"应交税费——应交增值税（进项税额）"科目，贷记"库存现金"、"应付账款——××公司"科目。但由于付款凭证贷方只能是现金科目，因此该业务必须分开走。借记"原材料——××"、"应交税费——应交增值税（进项税额）"科目，贷记"应付账款——××公司"科目。根据业务部门出具的付款通知，借记"应付账款——××公司"科目，贷记"库存现金"科目。

【案例4-3】　现金交易购进材料的会计处理（支付的现金少于发票金额）

2×16年5月1日，采购员小刚采购一批材料。经双方确认本公司于2011年4月28日支付过5 000元的预付款，货物价款5 030元，增值税金653.9元，共计5 683.9元。小刚用现金支付了683.9元，销售方公司开具了增值税专用发票，将付款方记账联和抵扣联交给小刚。

结算流程　小刚回到公司后，持发票和所购货物到仓库办理验收，由仓库保管员在材料验收单上填写详细信息并签字。需要质量检查的，还需质量检查员检查并签字。办完验收手续后，保管员将验收单的第一联和第二联交给采购员，自己留下第三联和第四联，月末时，将第四联交到财务部。获取5 030元的验收单和经部门领导批字的683.9元付款通知，然后持增值税专用发票、验收单和付款通知单到财务部门报账，先将增值税专用发票和验收单交给会计人员，然后将付款通知单交给出纳人员。出纳审核无误后，支付现金683.9元给小刚。在付款通知单上加盖现金付讫章后交到会计人员进行账务处理。

账务处理　会计收到增值税专用发票后，将抵扣联撤出来单独存放，凭付款方记账联和验收单填制记账凭证，如图4-4所示。

转 账 凭 证

贷方科目	应付账款	2×19年5月1日								转字：第××号	
摘　要	借　方　科　目		金　　额								记账符号
	总账科目	明细科目	百	十	万	千	百	十	元	角	分	
购进材料	原材料	××				5	0	3	0	0	0	√
购进材料	应交税费	应交增值税					6	5	3	9	0	
合　　计			¥	5	6	8	3	9	0	√	

主管会计 李楷　　　稽核 李楷　　　记账 李星　　　制证 李星　　　出纳 李丽

图4-4　转账凭证

然后凭付款通知单填制记账凭证，如图4-5所示。填完记账凭证后，将这些报销单证附在记账凭证后，出纳和会计人员分别根据记账凭证登记现金日记账、材料明细账和应付账款明细账。

现 金 付 款 凭 证

贷方科目	库存现金		2×19年5月1日					分号：现付字第××号						
摘　　要	借 方 科 目		金　　　额											记账符号
	总账科目	明细科目	千	百	十	万	千	百	十	元	角	分	
采购材料	应付账款	××公司						6	8	3	9	0	√
	合　　计						¥	6	8	3	9	0	√

主管会计 李楷　　　　稽核 李楷　　　　记账 李星　　　　制证 李星　　　　出纳 李丽

图4-5　现金付款凭证

采购人员由于某些原因，没有按时到财务部门结账，被查出时，由于当月的现金已经结账，而发票和验收单必须记入当月账中，此时即使购货金额与付款金额相同，也必须在两个会计期间，凭发票填制当月的转账凭证，借记"原材料——××"、"应交税费——应交增值税（进项税额）"科目，贷记"应付账款——××公司"科目。支付现金后，凭业务部门出具的付款通知单，直接填制次月的现金付款凭证。

二、银行转账结算购进材料的账务处理

银行转账结算购进材料和现金结算购进材料的会计核算基本相同，只是贷方科目一般为银行存款而不是现金。两者的不同之处主要在于银行结算方式的不同而导致存在不同的原始凭证。本书第三章已经详细讲过不同结算方式的票据的流转程序及结算双方账务处理的原始凭证。这里再强调一下付款方的入账凭据，见表4-6。

表4-6　付款方的入账凭据

结算方式	银行存款付款凭据
转账支票	转账支票（存根）
银行汇票	银行汇票委托书（存根）
电汇	银行电汇凭证（回单）
委托收款	委托收款凭证（付款通知）
银行承兑汇票	银行承兑汇票（存根）

采用转账支票结算方式时，业务经办人领取支票后，到销售单位办理结算手续后，再将支票存根交回财务，这才算完成了报账程序。因此，从领取支票到报账中间可能有一个时间间隔，为了准确掌握支票领取信息，出纳人员应该设置转账支票登记簿提高效率，转账支票登记簿见表4-7。

表4-7　转账支票登记簿

支票号码	领取时间	出票金额	往来单位	款项用途	报账时间	领取人签字	备注

出纳人员从银行领回转账支票后，先将支票全部登记在登记簿中，签发时，可由经办人员自己登记领取情况，报账完毕，再在报账时间栏里填写报账时间。

【案例4-4】　银行转账结算购进材料的会计处理

采购员小刚到一家公司采购材料，当时不知道准确结算金额。2×19年6月1日到财务部领取支票，出纳签发了转账支票。2×19年6月8日，小刚带着销售单位的增值税专用发票不含税价1 532元，含税价1 731.16元到财务报账。

结算流程　2×19年6月8日出纳收到小刚交来的报销单，审核无误后，在支票登记簿中登记出票金额和报账时间后，将支票存根、增值税专用发票付款方记账联和验收单核算凭证交给会计人员进行处理。

账务处理 会计收到支票存根、增值税专用发票付款方记账联和验收单核算凭证后，根据这些单证填制记账凭证，如图4-6所示。

银行存款付款凭证

贷方科目	银行存款		2×19年6月8日					分号：银字第××号					
摘　要	借　方　科　目		金　　　　额										记账
	总账科目	明细科目	千	百	十	万	千	百	十	元	角	分	符号
采购材料	原材料	××					1	5	3	2	0	0	√
采购材料	应交税费	应交增值税						1	9	9	1	6	
	合　　计					¥	1	7	3	1	1	6	√

主管会计 李楷　　稽核 李楷　　记账 李星　　制证 李星　　出纳 李丽

图4-6　银行存款付款凭证

填完记账凭证后，将这些报销单证附在记账凭证后，出纳和会计人员分别根据记账凭证登记银行存款日记账、材料明细账和应交税费明细账。

三、采用赊账方式购进材料

采用赊账方式购进材料，直接依据发票付款方记账联填制转账凭证，借记"原材料——××"，"应交税费——应交增值税（进项税额）"科目，贷记"应付账款——××公司"科目。凭银行存款付款单证和普通收据的付款方记账联填制银行存款付款凭证，借记"应付账款——××公司"科目，贷记"银行存款——××公司"科目。

【案例4-5】　采用赊账方式购进材料的会计处理

采购员小刚2×19年6月30日从某厂购进原材料一批，增值税发票记载的货款金额为10 000元，增值税进项税额为1 300元，已验收入库，款项尚未支付。7月10日，公司开出11 300元的转账支票一张，支付此笔购料款。

账务处理　会计收到增值税发票付款方记账联和抵扣联的核算凭证联后，撤出增值税专用发票的抵扣联单独存放，根据增值税专用发票付款方记账联和验收单填制记账凭证，如图4-7所示。

转 账 凭 证

贷方科目	应付账款		2×19年6月30日							转字：第××号				
摘　　要	借　方　科　目		金　　　　额											记账
	总账科目	明细科目	千	百	十	万	千	百	十	元	角	分		符号
购进材料	原材料	××			1	0	0	0	0	0	0		√
购进材料	应交税费	应交增值税				1	3	0	0	0	0		
合　　　　计			¥	1	1	3	0	0	0	0			√

主管会计 李楷　　　稽核 李楷　　　记账 李星　　　制证 李星　　　出纳 李丽

图4-7　转账凭证

支付购买款时，出纳员李丽收到交来的付款通知单，然后签发转账支票，将支票存根撕下，附在付款通知单之后，交给会计人员进行会计处理。会计人员再根据转账支票的存根填制记账凭证（如图4-8所示）。填完记账凭证后，将这些报销单证附在记账凭证后，出纳和会计人员分别根据记账凭证登记银行存款日记账、材料明细账、应交税费明细账和应付账款明细账。

银行存款付款凭证

贷方科目	银行存款		2×19年7月10日							分号：银字第××号				
摘　　要	借　方　科　目		金　　　　额											记账
	总账科目	明细科目	千	百	十	万	千	百	十	元	角	分		符号
付购货款	应付账款	××公司			1	1	3	0	0	0	0		√
合　　　　计			¥	1	1	3	0	0	0	0			√

主管会计 李楷　　　稽核 李楷　　　记账 李星　　　制证 李星　　　出纳 李丽

图4-8　银行存款付款凭证

以上以购进材料说明了在购进物品时的报账过程和会计核算过程，对于采购的其他类型来说，报账流程基本上与上面的以现金和银行存款的购进货物的报账流程一致。这些都是出纳的工作，而不同的是会计对具体业务所做的会计分录不同，即要根据不同的业务做不同的记账凭证。以下将重点介绍会计的核算入账过程。

四、货物与发票流转程序不同步时的会计处理

（1）对于已经付款或已开出承兑商业汇票，但材料尚未到达或尚未验收入库的采购业务，应根据发票账单等结算凭证，借记"在途物资"、"应交税费——应交增值税（进项税额）"等科目，贷记"银行存款"或"应付票据"等科目；待材料到达、验收入库后，再根据收料单，借记"原材料"科目，贷记"在途物资"科目。

【案例4-6】 货物与发票流转程序不同步时的会计处理（发票"快于"货物时）

小刚于2×19年9月20日收到银行转来的委托收款凭证及200吨煤炭的提货单，采购成本共计10 000元，相应的增值税进项税额为1 300元，加税合计11 300元已由银行支付，但材料尚未到达。对此业务应进行如下的账务处理：

（1）9月20日，付款时会计分录：

借：在途物资　　　　　　　　　　　　　　　10 000

　　应交税费——应交增值税（进项税额）　　 1 300

　　贷：银行存款　　　　　　　　　　　　　　11 300

（2）9月24日，材料到达并验收入库，则会计分录为：

借：原材料　　　　　　　　　　　　　　　　11 300

　　贷：在途物资　　　　　　　　　　　　　　11 300

对于此项业务，会计人员要根据委托收款凭证（付款通知）作为

银行存款付款凭据，制作记账凭证，如图4-9所示。

银行存款付款凭证

贷方科目	银行存款		2×19年9月20日							分号：银字第××号				
摘　要	借　方　科　目		金　　　额											记账符号
	总账科目	明细科目	千	百	十	万	千	百	十	元	角	分	
付购货款	在途物资	××			1	0	0	0	0	0	0	0	√
付购货款	应交税费	应交增值税				1	3	0	0	0	0		
合　　计				¥	1	1	3	0	0	0	0		√

主管会计 李楷　　　稽核 李楷　　　记账 李星　　　制证 李星　　　出纳 李丽

图4-9　银行存款付款凭证

（2）对于材料已到达并已验收入库，但发票账单等结算凭证未到，货款尚未支付的采购业务，应于月末，按材料的暂估价值，借记"原材料"科目，贷记"应付账款——暂估应付账款"科目。下月初用红字作同样的记账凭证予以冲回，以便下月付款或开出、承兑商业汇票后，按正常程序处理，借记"原材料"、"应交税费——应交增值税（进项税额）"等科目，贷记"银行存款"或"应付票据"等科目。

在实际工作中，发生的材料已经验收入库，而发票账单尚未到达情况时，一般情况下，发票账单在材料到达后的几天内即可到达。为简化核算手续，对这些业务月份内可暂不进行总分类核算，只在材料明细分类账中登记收入数量，待发票账单到达后，按实际成本入账。但如果月末仍未收到发票账单，应暂估入账，下月初用红字将暂估价注销，待发票账单到达后再按实际成本入账。

【案例4-7】　货物与发票流转程序不同步时的会计处理（货物"快于"发票时）

本公司业务员小刚2×19年9月10从钢铁厂购入甲种材料2 000公斤，买价4 000元，增值税发票上的增值税额为520元，供应单位代垫运杂费400元。假设上述购入材料的业务，材料已经运到并验收入库，但发票等结算凭证尚未收到，货款尚未支付。月末，按照暂估价入账，假设其暂估价为10 000元，2×19年10月7日收到销售方开具的增值税专用发票，有关会计处理如下：

（1）月末，原材料暂估入账：

借：原材料 10 000

  贷：应付账款——暂估应付账款 10 000

（2）下月初用红字将上述分录原账冲回：

借：原材料 10 000

  贷：应付账款——暂估应付账款 10 000

（3）收到增值税发票后的账务处理：

借：原材料——原料及主要材料 4 400

  应交税费——应交增值税（进项税额） 520

  贷：应付账款——钢铁厂 4 920

这笔业务在月末时，要根据其暂估的价格做一张记账凭证，如图4-10所示。

转 账 凭 证

贷方科目	应付账款		2×19年9月30日						转字：第××号				
摘　要	借　方　科　目		金　　额										记账
	总账科目	明细科目	千	百	十	万	千	百	十	元	角	分	符号
暂估材料价款	原材料	××				1	0	0	0	0	0	0	√
合　　计				¥	1	0	0	0	0	0	0	√

主管会计 李楷　　稽核 李楷　　记账 李星　　制证 李星　　出纳 李丽

图4-10　转账凭证

下月收到销售方的发票时，要做一张冲销上月暂估的凭证，用红字做一张相同的凭证，然后再按对方销售发票的价格和相关税金做一张记账凭证，如图4-11所示。

转 账 凭 证

贷方科目	应付账款		2×19年10月7日								转字：第××号			
摘　　要	借　方　科　目		金　　　　额											记账
	总账科目	明细科目	千	百	十	万	千	百	十	元	角	分	符号
购进材料	原材料	××					4	4	0	0	0	0	√
购进材料	应交税费	应交增值税					5	2	0	0	0		
	合　　　计					¥	4	9	2	0	0	0	√

主管会计 李楷　　　稽核 李楷　　　记账 李星　　　制证 李星　　　出纳 李丽

图4-11　转账凭证

第四节　购入低值易耗品、固定资产和无形资产的会计处理

一、购入低值易耗品

为了反映和监督低值易耗品的增减变化及其结存情况，企业应当设置"周转材料——低值易耗品"科目，借方登记低值易耗品的增加，贷方登记低值易耗品的减少，期末余额在借方，通常反映企业期末结存低值易耗品的金额。低值易耗品的摊销方法有一次转销法和五五摊销法。

购入低值易耗品时，如果是收到的增值税专用发票，必须办埋验收程序，因为在工业企业中只有取得验收手续后的增值税专用发票才能抵扣进项税。这类业务的处理同购入材料的账务处理相同。如果是收到普通发票，可以不经验收，直接凭发票报销。

【案例4-8】 购入低值易耗品的会计处理

2×19年10月9日，李梅持若干增值税专用发票和验收单到财务处报账。出纳员李丽办理完报销手续并支付现金后，将报销单据给会计送去。这些票据的相关信息见表4-8。

表4-8 报销票据信息

货物名称	验收仓库	发票张数	验收单张数	不含税价	税金	含税价
电器件	电器库	2	1	258	33.54	291.54
办公用品	总务库	1	2	600	78	678

账务处理 会计根据出纳送来的报销单证，填制记账凭证，如图4-12所示。

现 金 付 款 凭 证

贷方科目	库存现金		2×19年10月9日				分号：现付字第××号							
摘　　要	借　方　科　目		金　　　　　额											记账符号
	总账科目	明细科目	千	百	十	万	千	百	十	元	角	分		
采购电器件	材料	电器库						2	5	8	0	0		√
采购办公用品	材料	总务库						6	0	0	0	0		
进项税费	应交税费	增值税						1	1	1	5	4		
	合　　　计						￥	9	6	9	5	4		√

主管会计 李楷　　　稽核 李楷　　　记账 李星　　　制证 李星　　　出纳 李丽

图4-12 现金付款凭证

（一）采用一次转销法摊销低值易耗品

在领用低值易耗品时，将其价值一次、全部计入有关资产成本或者当期损益，主要适用于价值较低或极易损坏的低值易耗品的摊销。

【案例4-9】　采用一次转销法摊销低值易耗品的会计处理

精工制造有限公司第一生产车间（该车间属于基本生产车间）领用一般工具一批，实际成本为3 000元，将全部计入当期制造费用。应作如下会计处理：

借：制造费用　　　　　　　　　　　　　　　　　　　3 000
　　贷：周转材料——低值易耗品　　　　　　　　　　　　　　3 000

（二）采用五五摊销法摊销低值易耗品

低值易耗品在领用时先摊销其账面价值的一半，在报废时再摊销其账面价值的另一半。即低值易耗品分两次各按50%进行摊销。五五摊销法通常既适用于价值较低、使用期限较短的低值易耗品，也适用于每期领用数量和报废数量大致相等的低值易耗品。

在采用五五摊销法的情况下，需要单独设置"周转材料——低值易耗品——在用"、"周转材料——低值易耗品——在库"和"周转材料——低值易耗品——摊销"明细科目。

【案例4-10】　采用五五摊销法摊销低值易耗品的会计处理

甲公司的基本生产车间领用专用工具一批，实际成本为100 000元，采用五五摊销法进行摊销。应作如下会计处理：

（1）领用专用工具：

借：周转材料——低值易耗品——在用　　　　　　　100 000
　　贷：周转材料——低值易耗品——在库　　　　　　　　100 000

（2）领用时摊销其价值的一半：

借：制造费用　　　　　　　　　　　　　　　　　　50 000
　　贷：周转材料——低值易耗品——摊销　　　　　　　　50 000

（3）报废时摊销其价值的一半：

借：制造费用　　　　　　　　　　　　　　　　　　50 000
　　贷：周转材料——低值易耗品——摊销　　　　　　　　50 000

同时，

借：周转材料——低值易耗品——摊销　　　　　　　　100 000

　　贷：周转材料——低值易耗品——在用　　　　　　　　100 000

（三）分期摊销法

分期摊销法是指将发出低值易耗品的价值按其使用期限根据权责发生制进行分期摊销的方法。适用于使用期限较长，单位价值较高或一次领用数量较大的低值易耗品。可避免人为地造成产品成本的波动，但容易造成账外资产。

二、购入固定资产的账务处理

企业外购固定资产的成本，包括购买价款、相关税费、使固定资产达到预定可使用状态前所发生的可归属于该项资产的运输费、装卸费、安装费和专业人员服务费等。外购固定资产分为购入不需要安装的固定资产和购入需要安装的固定资产两类。需要特别说明的是新增值税政策允许纳税人抵扣购入固定资产的进项税额。为了区别企业固定资产的进项税额和流动资产的进项税额。企业购入作为固定资产的机器设备时，应在专用发票的抵扣联上注明"固定资产"字样。

（一）购入不需要安装的固定资产

企业购入不需要安装的固定资产，按应计入固定资产成本的金额，借记"固定资产"，"应交税费——应交增值税（进项税额）"等科目，贷记"银行存款"等科目。

【案例4-11】　购入不需要安装的固定资产的会计处理

2×19年5月20日，某公司购入一台不需要安装，直接就可投入使用的设备，取得的相应增值税专用发票上注明的设备价款为10 000元，增值税税额为1 300元，发生的运费、保险费、调试费等合计500元，以银行存款转账的方式向对方进行了支付。假定不考虑其他相关税费。该公司应进行的账务处理如下：

借：固定资产   10 500

  应交税费——应交增值税（进项税额）   1 300

   贷：银行存款   11 800

  会计人员要根据相关凭证如支票存根，增值税专用发票和固定资产验收单编制记账凭证如图4-13所示。

银行存款付款凭证

贷方科目	银行存款		2×19年5月20日							分号：银字第××号				
摘　　要	借　方　科　目		金　　　　额											记账
	总账科目	明细科目	千	百	十	万	千	百	十	元	角	分		符号
购入固定资产	固定资产	××			1	0	5	0	0	0	0			√
购入固定资产	应交税费	应交增值税				1	3	0	0	0	0			
合　　　计			￥	1	1	8	0	0	0	0	0			√

主管会计 李楷 稽核 李楷 记账 李星 制证 李星 出纳 李丽

图4-13　银行存款付款凭证

（二）购入需要安装的固定资产

购入需要安装的固定资产，先记入"在建工程"科目归集资产成本，收到销售发票后，根据销售发票填制记账凭证，借记"在建工程"、"应交税费——应交增值税（固定资产进项税额）"等科目，贷记"应付账款"或"银行存款"等科目。工程中领用生产经营购入的材料或商品时，先根据领料单填制转账凭证，按领料单中的金额借记"在建工程"科目，贷记"材料"科目，然后按照应转出的进项税额填制转账凭证。借记"应交税费——应交增值税（固定资产进项税额）"科目，贷记"应交税费——应交增值税（进项税转出）"科目。如果应转出的进项税额较小时，可以忽略不计。工程领用自产的产品时，根据出库单填制转账凭证。按照出库单的金额与销项税额的合计借记"在建工程"科目，贷记"库存商品"、"应交税务——应交增值税（销项税额）"科目。安装完毕后，借记"固定资产"科目，贷记"在建工程"科目。

【案例 4-12】 购入需要安装的固定资产的会计处理

2×19 年 5 月 20 日精工制造公司用银行存款购入一台需要安装的设备，增值税专用发票上注明的设备买价为 200 000 元，增值税税额为 26 000 元，支付运输费 10 000 元，支付安装费 30 000 元，甲公司为增值税一般纳税人。甲公司应编制如下会计分录：

（1）购入进行安装时：

借：在建工程	210 000
应交税费——应交增值税（进项税额）	26 000
贷：银行存款	236 000

（2）支付安装费时：

借：在建工程	30 000
贷：银行存款	30 000

（3）设备安装完毕交付使用时：

确定的固定资产成本 = 210 000 + 30 000 = 240 000（元）。

借：固定资产	240 000
贷：在建工程	240 000

购入机械设备时，会计人员做记账凭证，如图 4-14 所示。

银行存款付款凭证

贷方科目	银行存款		2×19 年 5 月 20 日						分号：银字第××号				
摘　要	借　方　科　目		金　　　　　额										记账
	总账科目	明细科目	千	百	十	万	千	百	十	元	角	分	符号
安装固定资产	在建工程	××			2	1	0	0	0	0	0	0	√
购入固定资产	应交税费	应交增值税				2	6	0	0	0	0	0	
	合　　　计		¥	2	3	6	0	0	0	0	0	0	√

主管会计 李楷　　　稽核 李楷　　　记账 李星　　　制证 李星　　　出纳 李丽

图 4-14　银行存款付款凭证

进行安装，支付安装费，会计人员要做记账凭证，如图 4-15 所示。

银行存款付款凭证

贷方科目	银行存款		2×19 年 5 月 20 日							分号：银字第××号				
摘 要	借 方 科 目		金						额					记账
	总账科目	明细科目	千	百	十	万	千	百	十	元	角	分		符号
安装固定资产	在建工程	××				3	0	0	0	0	0	0		√
	合 计				¥	3	0	0	0	0	0	0		√

主管会计 李楷　　　稽核 李楷　　　记账 李星　　　　制证 李星　　　出纳 李丽

图 4-15　银行存款付款凭证

设备安装完毕后，交付使用时，会计人员要做记账凭证，如图 4-16 所示。

转 账 凭 证

贷方科目	在建工程		2×19 年 6 月 30 日							转字：第××号				
摘 要	借 方 科 目		金						额					记账
	总账科目	明细科目	百	十	万	千	百	十	元	角	分			符号
完工结转	固定资产	××		2	4	0	0	0	0	0	0			√
	合 计			¥	2	4	0	0	0	0	0	0		√

主管会计 李楷　　　稽核 李楷　　　记账 李星　　　　制证 李星　　　出纳 李丽

图 4-16　转账凭证

企业购入的新汽车虽然不需要安装，但需要上过牌照后才准许上路行驶，因此办理牌照过程中，发生的一切费用也通过"在建工程"科目归集。借记"在建工程"科目，贷记"银行存款"科目。办理完牌照后及时办理固定资产验收手续，凭固定资产验收单，填制转账凭证，借记"固定资产"科目，贷记"在建工程"科目。在这里需要说明的是按照新增值税政策，企业购入的作为交通工具的汽车可以抵扣进项税额。但是如果购入的是应征消费税的摩托车和小汽车则不能抵扣进项税。

三、购入无形资产的处理

无形资产是指企业拥有或者控制的没有实物形态的可辨认非货币性资产。主要包括专利权、非专利技术、商标权、著作权、土地使用权和特许权等。

外购无形资产的成本包括购买价款、相关税费以及直接归属于使该项资产达到预定用途所发生的其他支出。

【案例4-13】 购入无形资产的会计处理（购入非专利技术）

甲公司购入一项非专利技术，支付的买价和有关费用900 000元，增值税款为54 000元，以银行存款支付。甲公司应编制如下会计分录：

借：无形资产——非专利技术 900 000
　　应交税费——应交增值税（进项税额） 54 000
　　　贷：银行存款 954 000

无形资产摊销方法包括直线法、生产总量法等。企业选择的无形资产的摊销方法，应当反映与该项无形资产有关的经济利益的预期实现方式。无法可靠确定预期实现方式的，应当采用直线法摊销。

企业应当按月对无形资产进行摊销。无形资产的摊销额一般应当计入当期损益。企业自用的无形资产，其摊销金额计入管理费用；出租的无形资产，其摊销金额计入其他业务成本；某项无形资产包含的经济利益通过所生产的产品或其他资产实现的，其摊销金额应当计入相关资产成本。

【案例4-14】 购入无形资产的会计处理（购入特许权）

甲公司购买了一项特许权，成本为4 800 000元，合同规定受益年限为10年，甲公司每月应摊销40 000（4 800 000÷10÷12）元。每月摊销时，甲公司应编制如下会计分录：

借：管理费用 40 000

　　贷：累计摊销 40 000

【案例4-15】 出租自行开发的非专利技术的会计处理

2×19年1月1日，甲公司将其自行开发完成的非专利技术出租给丁公司，该非专利技术成本为3 600 000元，双方约定的租赁期限为10年，甲公司每月应摊销30 000（3 600 000÷10÷12）元。每月摊销时，甲公司应编制如下会计分录：

借：其他业务成本 30 000

　　贷：累计摊销 30 000

第五章　生产循环的账务处理

本章导读

某企业为了实现计划利润目标，12 月份将应计入"管理费用"的无形资产摊销的 10 万元在会计上计入了"制造费用"账户，月末分配制造费用时，将上述费用全部分配计入"生产成本——基本生产成本"账户，由完工产品和在产品共同负担，这样，就造成了少计期间费用、虚增利润的结果。所以我们要严格按照企业会计准则的相关规定来处理企业的生产过程中发生的各项成本和费用，只有在核算成本正确的前提下，才能为产品定价提供合理的依据。

生产循环和销售与收款循环，采购与付款循环一样是工业企业生产的三大流程之一，采购的原材料只有经常生产加工环节才能成为最终的产品，经过销售实现其价值。在生产循环这个流程中，会计人员的主要工作是按照特定的对象收集各种费用，然后归集各种产品的成本，为产品成本的核算提供依据。因此本章主要介绍以下内容：

（1）生产循环的主要业务活动和相关凭证；
（2）成本和费用基础知识；
（3）各种费用的归集和分配；
（4）产品成本的核算。

第一节　生产循环的主要业务活动和相关凭证

一、涉及的主要业务活动

（一）计划和安排生产

生产计划部门的职责是根据顾客订单或者对销售预测和产品需求的分析来决定生产授权。如决定授权生产，即签发预先编号的生产通知单。该部门通常应将发出的所有生产通知单编号并加以记录控制。此外，还需要编制一份材料需求报告，列示所需要的材料和零件及其库存。

（二）发出原材料

仓库部门的责任是根据从生产部门收到的领料单发出原材料。领料单上必须列示所需的材料数量和种类，以及领料部门的名称。领料单可以一料一单，也可以多料一单，通常需一式三联。仓库发料后，将其中一联连同材料交给领料部门，其余两联经仓库登记材料明细账后，送会计部门进行材料收发核算和成本核算。

（三）生产产品

生产部门在收到生产通知单及领取原材料后，便将生产任务分解到每一个生产工人，并将所领取的原材料交给生产工人，据以执行生产任务。生产工人在完成生产任务后，将完成的产品交生产部门查点，然后转交检验员验收并办理入库手续；或是将所完成的产品移交下一个部门，作进一步加工。

（四）核算产品成本

为了正确核算并有效控制产品成本，必须建立健全成本会计制度，将生产控制和成本核算有机结合在一起。一方面，生产过程中的各种记录、生产通知单、领料单、计工单、入库单等文件资料都要汇集到会计部门，由会计部门对其进行检查和核对，了解和控制生产过程中存货的实物流转；另一方面，会计部门要设置相应的会计账户，会同有关部门对生产过程中的成本进行核算和控制。成本会计制度可以非常简单，只是在期末记录存货余额；也可以是完善的标准成本制度，它持续地记录所有材料处理、在产品和产成品，并形成对成本差异的分析报告。完善的成本会计制度应该提供原材料转为在产品，在产品转为产成品，以及按成本中心、分批生产任务通知单或生产周期所消耗的材料、人工和间接费用的分配与归集的详细资料。

（五）储存产成品

产成品入库，须由仓库部门先行点验和检查，然后签收。签收后，将实际入库数量通知会计部门。据此，仓库部门确立了本身应承担的责任，并对验收部门的工作进行验证。除此之外，仓库部门还应根据产成品的品质特征分类存放，并填制标签。

（六）发出产成品

产成品的发出须由独立的发运部门进行。装运产成品时必须持有经有关部门核准的发运通知单，并据此编制出库单。出库单至少一式四联，一联交仓库部门，一联发运部门留存，一联送交顾客，一联作为给顾客开发票的依据。

二、生产循环中的主要凭证和账簿体系

生产循环是工业企业特有的循环方式，本循环涉及的原始凭证主要是内部自制的原始凭证，同时也有一些外来的原始单证。主要单证有如下几种：

（一）生产指令

生产指令又称"生产任务通知单"，是企业下达制造产品等生产任务的书面文件，用以通知供应部门组织材料发放，生产车间组织产品制造，会计部门组织成本计算。广义的生产指令也包括用于指导产品加工的工艺规程，如机械加工企业的"路线图"等。

（二）领发料凭证

领发料凭证是企业为控制材料发出所采用的各种凭证，如材料发出汇总表、领料单、限额领料单、领料登记簿和退料单等。

（三）产量和工时记录

产量和工时记录是登记工人或生产班组出勤内完成产品数量、质量和生产这些产品所耗费工时数量的原始记录。产量和工时记录的内容与格式是多种多样的，在不同的生产企业中，甚至在同一企业的不同生产车间中，由于生产类型不同而采用不同格式的产量和工时记录。常见的产量和工时记录主要有工作通知单、工序进程单、工作班产量报告、产量通知单、产量明细表、废品通知单等。

（四）工薪汇总表及工薪费用分配表

工薪汇总表是为了反映企业全部工薪的结算情况，并据以进行工薪结算总分类核算和汇总整个企业工薪费用而编制的，它是企业进行工薪费用分配的依据。工薪费用分配表反映了各生产车间各产品应负担的生产工人工薪及福利费。

（五）材料费用分配表

材料费用分配表是用来汇总反映各生产车间各产品所耗费的材料费用的原始记录。

（六）制造费用分配汇总表

制造费用分配汇总表是用来汇总反映各生产车间各产品所应负担的

制造费用的原始记录。

（七）成本计算单

成本计算单是用来归集某一成本计算对象所应承担的生产费用，计算该成本计算对象的总成本和单位成本的记录。

（八）存货明细账

存货明细账是用来反映各种存货增减变动情况和期末库存数量及相关成本信息的会计记录。

生产循环主要是生产成本的计算和核算，本循环涉及的账簿体系包括生产成本明细账，制造费用明细账，待摊费用明细账，预提费用明细账，材料明细账，应付工资明细账。具体地说，车间设置生产成本明细账，制造费用明细账，待摊费用明细账，预提费用明细账，其中生产成本明细账按产品名称分设，制造费用明细账按项目名称分设，待摊费用明细账和预提费用明细账可以不设明细账户。

总厂设置生产成本明细账，制造费用明细账，材料明细账，库存商品明细账，主营业务成本明细账，管理费用明细账，营业费用明细账，应付账款明细账，应付工资明细账，待摊费用明细账，预提费用明细账，累计折旧明细账。其中生产成本明细账不设明细账户，直接根据现金付款凭证、银行付款凭证及相关转账凭证登记借方发生额业务，所对应的摘要为"本期发生××费用"或者是"支付××公司费用"，贷方发生额业务所对应的摘要为"转出完工产品"。制造费用明细账按车间名称分设，而不按项目名称分设。库存商品名称明细账按产品名称分设，借方登记完工入库的商品成本，根据汇总后的产品成本单登录，摘要为"结转完工产品"，贷方登记实现销售或是其他原因转出的商品成本，根据商品出库单登录，摘要为"本月销售转出"，"工程领用"。材料明细账按照一级库的名称分设，若一级库设到车间，则按车间名称分设。

第二节　成本和费用基础知识

一、成本和费用的概念和特征

费用是企业在日常活动中发生的、会导致所有者权益减少的、与向所有者分配利润无关的经济利益的总流出，构成产品成本的基础。产品成本是为生产某种产品而发生的各种耗费的总和，是对象化的费用。两者的区别在于：

费用涵盖范围较宽，包括企业生产各种产品发生的各种耗费，既有当期的，也有以前期间发生的费用，既有甲产品的，也有乙、丙等其他产品的费用，既有完工产品的，也有未完工产品的费用；着重于按会计期间进行归集，一般以生产过程中取得的各种原始凭证为计算依据。而产品成本只包括为生产一定种类或数量的完工产品的费用，不包括未完工产品的生产费用和其他费用；着重于按产品进行归集，一般以成本计算单或成本汇总表及产品入库单等为计算依据。产品成本是费用总额的一部分，不包括期间费用和期末未完工产品的费用等。

二、成本核算对象

（一）成本核算对象的概念

成本核算对象是指确定归集和分配生产费用的具体对象，即生产费用承担的客体。成本计算对象的确定，是设立成本明细分类账户、归集和分配生产费用以及正确计算成本的前提。具体的成本核算对象主要应根据企业生产的特点加以确定，同时还应考虑成本管理上的要求。

（二）成本核算对象的确定

由于产品工艺、生产方式、成本管理等要求不同，产品项目不等于成本核算对象。一般情况下，对工业企业而言，生产一种或几种产品的，以产品品种为成本核算对象；分批、单件生产的产品，以每批或每件产品为成本核算对象；多步骤连续加工的产品，以每种产品及各生产步骤为成本核算对象；产品规格繁多的，可将产品结构、耗用原材料和工艺过程基本相同的各种产品，适当合并作为成本核算对象。

成本核算对象确定后，各种会计、技术资料的归集应当与此一致，一般不应中途变更，以免造成成本核算不实、结算漏账和经济责任不清的弊端。成本核算对象的确定，有利于细化项目成本核算和考核成本管理绩效。

三、成本项目

（一）成本项目的概念

为具体反映计入产品生产成本的生产费用的各种用途，还应将其进一步划分为若干个项目，即产品生产成本项目，简称产品成本项目或成本项目。设置成本项目可以反映产品成本的构成情况，满足成本管理的目的和要求，有利于了解企业生产费用的经济用途，便于企业分析和考核产品成本计划的执行情况。

（二）成本项目的设置

成本项目的设置应根据管理上的要求确定，对于工业企业而言，一般可设置"直接材料""燃料及动力""直接人工"和"制造费用"等项目。

1. 直接材料

直接材料指企业在生产产品和提供劳务过程中实际消耗的、直接用于产品生产、构成产品实体的原材料、辅助材料、备品配件、外购半成品、燃料、动力、包装物、低值易耗品和运输、装卸、整理等费用。

2. 燃料及动力

燃料及动力是直接用于产品生产的外购和自制的燃料和动力。

3. 直接人工

直接人工指企业在生产产品和提供劳务过程中直接从事产品生产人员的工资及按工资总额和规定比例提取的福利费。上述直接费用根据实际发生数进行核算，并按照成本核算对象进行归集，根据原始凭证或原始凭证汇总表直接计入成本。

4. 制造费用

制造费用指企业为生产产品和提供劳务而发生的费用和其他生产费用，如车间管理人员的工资及提取的福利费、车间房屋建筑物和机器设备的折旧费、租赁费、修理费、机物料消耗、水电费、办公费以及停工损失、信息系统维护费等。不能根据原始凭证或原始凭证汇总表直接计入成本的费用，需要按一定标准分配计入成本核算对象。

由于生产的特点、各种费用支出的比重及成本管理和核算的要求不同，各企业可根据具体情况，增设"废品损失""直接燃料和动力"等成本项目。

四、生产成本的核算流程简介

工业企业的一般成本核算程序：

（1）对所发生的费用进行审核，确定这些费用是否符合规定的开支范围，并在此基础上确定应计入产品成本的费用和应计入各项期间费用的数额。

（2）将应计入产品成本的各项费用，区分为哪些应当计入本月的产品成本，哪些应当由其他月份的产品成本负担。

（3）将每个月应计入产品生产成本的生产费用，在各种产品之间进行分配和归集，计算各种产品成本。

（4）将既有完工产品又有在产品的产品成本，在完工产品和期末在产品之间进行分配和归集，并计算出完工产品总成本和单位成本。

（5）将完工产品成本结转至"产成品"科目。

（6）结转期间费用。

第三节　各种费用的归集和分配

一、材料、燃料、动力的归集和分配

无论是外购的，还是自制的，发生材料、燃料和动力等各项要素费用时，对于直接用于产品生产、构成产品实体的原材料，一般分产品领用，应根据领退料凭证直接计入相应产品成本的"直接材料"项目。对于不能分产品领用的材料，如化工生产中为几种产品共同耗用的材料，需要采用适当的分配方法，分配计入各相关产品成本的"直接材料"成本项目。

分配标准的选择可依据材料消耗与产品的关系，对于材料、燃料耗用量与产品重量、体积有关的，按其重量或体积分配，如以生铁为原材料生产各种铁铸件，应以生产的铁铸件的重量比例为分配依据，燃料也可以按照所耗用的原材料作为分配标准，动力一般按用电（或水）度（或吨）数，也可按产品的生产工时或机器工时进行分配。相应的计算公式为：

材料、燃料、动力费用分配率＝材料、燃料、动力消耗总额÷分配标准（如产品重量、耗用的原材料、生产工时等）

某种产品应负担的材料、燃料、动力费用＝该产品的重量、耗用的原材料、生产工时等×材料、燃料、动力费用分配率

在消耗定额比较准确的情况下，原材料、燃料也可按照产品的材料定额消耗量比例或材料定额费用比例进行分配。

【案例 5-1】　材料、燃料、动力的归集、分配和会计处理

假定公司 2×19 年 5 月 1 日，生产 A、B 两种产品领用某材料 4 400 千克，每千克 20 元。本月投产的 A 产品为 200 件，B 产品为 250 件。A 产品的材料消耗定额为 15 千克，B 产品的材料消耗定额为 10 千克。

A 产品的材料定额消耗量＝200×15＝3 000（千克）；

B 产品的材料定额消耗量＝250×10＝2 500（千克）；

材料消耗量分配率 = 4 400 ÷ (3 000 + 2 500) = 0.8；

A 产品分配负担的材料费用 = 3 000 × 0.8 × 20 = 48 000（元）；

B 产品分配负担的材料费用 = 2 500 × 0.8 × 20 = 40 000（元）；

A、B 产品材料费用合计 = 48 000 + 40 000 = 88 000（元）。

账务处理 会计人员根据领料单做记账凭证，如图 5-1 所示。

转账凭证

贷方科目	材料		2×19 年 5 月 1 日				转字：第××号						
摘 要	借 方 科 目		金 额										记账
	总账科目	明细科目	百	十	万	千	百	十	元	角	分		符号
车间领料	生产成本	A 产品			4	8	0	0	0	0	0		√
车间领料	生产成本	B 产品			4	0	0	0	0	0	0		
	合 计			¥	8	8	0	0	0	0	0		√
主管会计 李楷	稽核 李楷		记账 李星			制证 李星				出纳 李丽			

图 5-1 转账凭证

二、职工薪酬的归集和分配

职工薪酬是企业在生产产品或提供劳务活动过程中所发生的各种直接和间接人工费用的总和。职工薪酬的归集，必须有一定的原始记录作为依据：计时工资，以考勤记录中的工作时间记录为依据；计件工资，以产量记录中的产品数量和质量记录为依据；计时工资和计件工资以外的各种奖金、津贴、补贴等，按照国家和企业的有关规定计算。

工资结算和支付的凭证为工资结算单或工资单，为便于成本核算和管理等，一般按车间、部门分别填制，是职工薪酬分配的依据。直接进行产品生产的生产工人的职工薪酬，直接计入产品成本的"直接人工"成本项目；不能直接计入产品成本的职工薪酬，按工时、产品产量、产值比例等方式进行合理分配，计入各有关产品成本的"直接人工"项目。相应的计算公式为：

生产工资费用分配率 = 各种产品生产工资总额÷各种产品生产工时之和

某种产品应分配的生产工资 = 该种产品生产工时×生产工资费用分配率

如果取得各种产品的实际生产工时数据比较困难，而各种产品的单件工时定额比较准确，也可按产品的定额工时比例分配职工薪酬，相应的计算公式如下：

某种产品耗用的定额工时 = 该种产品投产量×单位产品工时定额

生产工资费用分配率 = 各种产品生产工资总额÷各种产品耗用的定额工时之和

某种产品应分配的生产工资 = 该种产品耗用的定额工时×生产工资费用分配率

【案例 5-2】 **职工薪酬的归集、分配和会计处理**

基本生产车间生产 A、B 两种产品，2×19 年 5 月 31 日共计提生产工人职工薪酬 2 700 元，按生产工时比例分配，A 产品的生产工时为 500 小时，B 产品的生产工时为 400 小时。

生产工资费用分配率 = 2 700÷(500 + 400) = 3；

A 产品应分配的职工薪酬 = 500×3 = 1 500（元）；

B 产品应分配的职工薪酬 = 400×3 = 1 200（元）。

财务处理 会计人员根据计算所得编制转账凭证，如图 5-2 所示。

转账凭证

贷方科目	应付职工薪酬		2×19 年 5 月 31 日						转字：第××号						
摘　要	借　方　科　目		金　　　额											记账符号
	总账科目	明细科目	千	百	十	万	千	百	十	元	角	分	
工人工资	生产成本	A 产品					1	5	0	0	0	0	√
工人工资	生产成本	B 产品					1	2	0	0	0	0	
合　　　计					¥	2	7	0	0	0	0	√

主管会计 李楷　　　稽核 李楷　　　记账 李星　　　制证 李星　　　出纳 李丽

图 5-2　转账凭证

到 2×19 年 6 月 3 日发放工资时，要根据支付相关原始单据编制银行存款或现金支付凭证。假定公司把员工工资发放到各个员工在银行的账户。编制银行存款付款凭证，如图 5-3 所示。

银行存款付款凭证

贷方科目	银行存款		2×19 年 6 月 3 日						分号：银字第××号				
摘　　要	借　方　科　目		金　　　　额										记账
	总账科目	明细科目	千	百	十	万	千	百	十	元	角	分	符号
发放工人工资	应付职工薪酬	××					2	7	0	0	0	0	√
合　　　计						¥	2	7	0	0	0	0	√

主管会计　李楷　　　稽核　李楷　　　记账　李星　　　制证　李星　　　出纳　李丽

图 5-3　银行存款付款凭证

三、制造费用的归集和分配

制造费用是指企业各生产单位为组织和管理生产而发生的各项间接费用。它包括工资和福利费、折旧费、修理费、办公费、水电费、机物料消耗、劳动保护费、租赁费、保险费、排污费、存货盘亏费（减盘盈）及其他制造费用。

发生的车间管理人员的工资及福利费，借记"制造费用"科目，贷记"应付职工薪酬"等科目。车间计提的固定资产折旧，借记"制造费用"科目，贷记"累计折旧"科目。车间支付的办公费、修理费、水电费等，借记"制造费用"科目，贷记"银行存款"科目。发生季节性和修理期间的停工损失，借记"制造费用"科目，贷记"原材料""应付职工薪酬""银行存款"等科目。制造费用的分配方法，一般有下列几种：

（1）按生产工人工资；

（2）按生产工人工时；

（3）按机器工时；

（4）按耗用原材料的数量或成本；

（5）按直接成本（原材料、燃料、动力、生产工人工资及应提取的福利费之和）；

（6）按产品产量。

制造费用的分配方法一经确定，不应任意变更。无论采用哪种分配方法，都应根据分配计算结果编制制造费用分配表，根据制造费用分配表进行制造费用分配的总分类核算和明细核算。相关会计分录如下：

借：辅助生产成本

　　贷：制造费用

然后再将归集在辅助生产成本的费用按照辅助生产费用的方法进行分配，其中，分配给基本生产的制造费用在归集了全部基本生产车间的制造费用后，转入"基本生产成本"科目。

车间发生的制造费用由车间成本核算员填制转账凭证，同时企业会计人员根据发生的费用做出记账凭证后，将记账凭证分车间制成副票转交车间成本核算员，成本核算员收到副票后，将转来的凭证和自己填制的凭证合并在一起进行归集，根据归集的资料编制制造费用明细表，并及时登记制造费用明细账。

制造费用明细表的常见格式见表5-1。

表5-1　制造费用明细表

××年××月

项目	行次	本年计划	本月实际数	本年累计实际数	上年同期累计数
工资	1				
折旧费	2				
维修费	3				
办公费	4				
水电费	5				
机物料消耗	6				

（续表）

项目	行次	本年计划	本月实际数	本年累计实际数	上年同期累计数
低值易耗品	7				
劳动保护费	8				
运输费	9				
差旅费	10				
其他	11				
合计					

【案例5-3】　制造费用的归集、分配和会计处理

2×19年5月6日公司水电管理人员杨斌持转账支票到供水公司结算水费，供水公司收到转账支票后，开具了金额为6 683.04元的普通发票。然后，杨斌到财务部报账，并将各分表耗水情况交给出纳人员。出纳员办理报账手续后，将普通发票和转账支票存根交给会计人员。

账务处理　会计人员根据各分表耗水情况编制水费分配明细表，见表5-2，并根据该表填制转账凭证，同时将三个车间耗用的水费分别单独制成副票，转交车间成本核算员。

表5-2　2×19年5月水费分配明细表

车间或部门	耗用量（吨）	水费金额（元）	车间或部门	耗用量（吨）	水费金额
一车间	822	1923.48	管理部门	202	472.68
二车间	845	1 977.30			
三车间	987	2 309.58	合计	2 856	6 683.04

同时会计人员要根据普通发票和转账支票存根填制记账凭证，如图5-4所示。

银行存款付款凭证

贷方科目	银行存款	2×19年5月6日											分号：银字第××号	
摘　要	借　方　科　目		金　　　额											记账符号
	总账科目	明细科目	千	百	十	万	千	百	十	元	角	分		
水费	制造费用	一车间					1	9	2	3	4	8		√
水费	制造费用	二车间					1	9	7	7	3	0		
水费	制造费用	三车间					2	3	0	9	5	8		
水费	管理费用	管理部门						4	7	2	6	8		
	合　　　计						¥	6	6	8	3	0	4	√

主管会计 李楷　　　稽核 李楷　　　记账 李星　　　制证 李星　　　出纳 李丽

图 5-4　银行存款付款凭证

四、待摊费用和预提费用的分配

1. 待摊费用的分配

待摊费用是指本月发生，但应由本月及以后各月产品成本或期间费用共同负担的费用。待摊费用的分摊期限，要根据费用的受益期确定。待摊费用一般要在一年内摊完。待摊费用的发生和分配是通过"待摊费用"科目进行核算的。

2. 预提费用的分配

预提费用是指预先分月计入成本、费用，但由以后月份支付的费用。预提费用的预提期限也应按其受益期确定。预提费用的预提和支付，是通过"预提费用"科目进行核算的。

五、辅助生产费用的归集和分配

企业的辅助生产，主要是为基本生产服务的。辅助生产费用的归集和分配，是通过"生产成本——辅助生产成本"科目进行的。

六、生产成本在完工产品和在产品之间的分配

要计算出本月产成品成本，还要将本月发生的生产费用，加上月初在产品成本，然后再将其在本月完工产品和月末在产品之间进行分配，以求得本月产成品成本。

本月发生的生产费用和月初、月末在产品及本月完工产成品成本四项费用的关系可用下列公式表达：

月初在产品成本＋本月发生生产费用＝本月完工产品成本＋月末在产品成本

或：月初在产品成本＋本月发生生产费用－月末在产品成本＝本月完工产品成本

企业的完工产品包括产成品、自制材料及自制工具、模型等低值易耗品，以及为在建工程生产的专用设备和提供的修理劳务等。

根据这一关系，结合生产特点，企业应当根据在产品数量的多少、各月在产品数量变化的大小、各项成本比重的大小，以及定额管理基础的好坏等具体条件，采用适当的分配方法将生产成本在完工产品和在产品之间进行分配。常用的分配方法有：不计算在产品成本法、在产品按固定成本计价法、在产品按所耗直接材料成本计价法、约当产量比例法、在产品按定额成本计价法、定额比例法等。

（一）不计算在产品成本法

采用不计算在产品成本法时，虽然月末有在产品，但不计算其成本。也就是说，这种产品每月发生的成本，全部由完工产品负担，其每月发生的成本之和即为每月完工产品成本。这种方法适用于各月末在产品数量很小的产品。

（二） 在产品按固定成本计算法

采用在产品按固定成本计价法，各月末在产品的成本固定不变。某种产品本月发生的生产成本就是本月完工产品的成本。但在年末，在产品成本不应再按固定不变的金额计价，否则会使按固定金额计价的在产品成本与其实际成本有较大差异，影响产品成本计算的正确性。因而在年末，应当根据实际盘点的在产品数量，具体计算在产品成本，据以计算 12 月份产品成本。这种方法适用于月末在产品数量较多，但各月变化不大的产品或月末在产品数量很小的产品。

（三） 在产品按所耗直接材料成本计价法

采用在产品按所耗直接材料成本计价法，月末在产品只计算其所耗用的直接材料成本，不计算直接人工等加工费用，即产品的直接材料成本（月初在产品的直接材料成本与本月发生的直接材料成本之和）需要在完工产品和月末在产品之间进行分配。而生产产品本月发生的加工成本全部由完工产品成本负担。这种方法适用于各月月末在产品数量较多，各月在产品数量变化也较大，直接材料成本在生产成本中所占比重较大且材料在生产开始时一次就全部投入的产品。

（四） 约当产量比例法

采用约当产量比例法，应将月末在产品数量按其完工程度折算为相当于完工产品的产量，即约当产量，然后将产品应负担的全部成本按照完工产品产量与月末在产品约当产量的比例分配计算完工产品成本和月末在产品成本。这种方法适用产品数量较多，各月在产品数量变化也较大，且生产成本中直接材料成本和直接人工等加工成本的比重相差不大的产品。其计算公式如下：

在产品约当产量 = 在产品数量 × 完工程度

单位成本 = （月初在产品成本 + 本月发生生产成本）÷ （完工产品产量 + 在产品约当产量）

完工产品成本 = 完工产品产量 × 单位成本

在产品成本 = 在产品约当产量 × 单位成本

【案例5-4】　约当产量法计算完工产品和在产品的生产成本

某公司的 A 产品本月完工 370 台，在产品 100 台，平均完工程序为 30%，发生生产成本合计为 800 000 元。分配结果如下：

单位成本 = 800 000 ÷ (370 + 100 × 30%) = 2 000 (元/台)；

完工产品成本 = 370 × 2 000 = 740 000 (元)；

在产品成本 = 100 × 30% × 2 000 = 60 000 (元)。

【案例5-5】　约当产量法计算在产品完工程度

某公司 B 产品单位工时定额 400 小时，经两道工序制成。各工序单位工时定额为：第一道工序 160 小时，第二道工序 240 小时。为简化核算，假定各工序内在产品完工程度平均为 50%。则在产品完工程度计算结果如下：

第一道工序：160 × 50% ÷ 400 × 100% = 20%；

第二道工序：(160 + 240 × 50%) ÷ 400 × 100% = 70%。

有了各工序在产品完工程度和各工序在产品盘存数量，即可求得在产品的约当产量。各工序产品的完工程度可事先制定，产品工时定额不变时可长期使用。如果各工序在产品数量和单位工时定额都相差不多，在产品的完工程度也可按 50% 计算。

应当指出，在很多加工生产中，材料是在生产开始时一次投入的。这时，在产品无论完工程度如何，都应和完工产品负担同样材料成本。如果材料是随着生产过程陆续投入的，则应按照各工序投入的材料成本在全部材料成本中所占的比例计算在产品的约当产量。

【案例5-6】　约当产量法分配完工产品和在产品之间的生产成本

某公司 C 产品本月完工产品产量 3 000 个，在产品数量 400 个，完工程度按平均 50% 计算；材料在开始生产时一次投入；其他成本按约当产量比例分配。C 产品本月月初在产品和本月耗用直接材料成本共计 1 360 000 元，直接人工成本 640 000 元，制造费用 960 000 元。

C 产品各项成本的分配计算如下：

由于材料在开始生产时一次投入，因此应按完工产品和在产品的实际数量比例进行分配，不必计算约当产量。

（1）直接材料成本的分配：

完工产品应负担的直接材料成本 = 1 360 000 ÷（3 000 + 400）× 3 000 = 1 200 000（元）；

在产品应负担的直接材料成本 = 1 360 000 ÷（3 000 + 400）× 400 = 160 000（元）。

直接人工成本和制造费用均应按约当产量进行分配，在产品 400 个折合约当产量 200 个（400 × 50%）。

（2）直接人工成本的分配：

完工产品应负担的直接人工成本 = 640 000 ÷（3 000 + 200）× 3 000 = 600 000（元）；

在产品应负担的直接人工成本 = 640 000 ÷（3 000 + 200）× 200 = 40 000（元）。

（3）制造费用的分配：

完工产品应负担的制造费用 = 960 000 ÷（3 000 + 200）× 3 000 = 900 000（元）；

在产品应负担的制造费用 = 960 000 ÷（3000 + 200）× 200 = 60 000（元）。

通过以上按约当产量法分配计算的结果，可以汇总 C 产品完工产品成本和在产品成本。

C 产品本月完工产品成本 = 1 200 000 + 600 000 + 900 000 = 2 700 000（元）；

C 产品本月在产品成本 = 160 000 + 40 000 + 60 000 = 260 000（元）。

根据 C 产品完工产品总成本编制完工产品入库的会计分录如下：

借：库存商品——C 产品   2 700 000

贷：生产成本——基本生产成本　　　　　　2 700 000

账务处理　会计人员要根据相关原始凭证做转账凭证，如图5-5所示。

转 账 凭 证

贷方科目	生产成本		年　月　日						转字：第××号				
摘　　要	借　方　科　目		金　　　　额										记账
	总账科目	明细科目	百	十	万	千	百	十	元	角	分	符号
结转完工产品成本	库存商品	C产品	2	7	0	0	0	0	0	0	0	√
	合　　　计		¥ 2	7	0	0	0	0	0	0	0	√

主管会计 李楷　　　　稽核 李楷　　　　记账 李星　　　　制证 李星　　　　出纳 李丽

图5-5　转账凭证

（五）定额比例法

采用定额比例法，产品的生产成本在完工产品和月末在产品之间按照两者的定额消耗量或定额成本比例分配。其中直接材料成本，按直接材料的定额消耗量或定额成本比例分配。直接人工等加工成本，可以按各该定额成本的比例分配，也可按定额工时比例分配。这种方法适用于各项消耗定额或成本定额比较准确、稳定，但各月末在产品数量变动较大的产品。

七　废品损失的核算

需要单独核算废品损失的工业企业，可以在"基本生产成本"明细科目下设置"废品损失"明细科目，以汇集和分配基本生产车间所发生的废品损失。废品损失包括在生产过程中发现的、入库后发现的各种废品的报废损失和修复费用。

废品的报废损失，是指不可修复的废品的实际成本减去回收材料和废料价值后的净损失。废品的修复费用，是指可以修复的废品在返修过程中所发生的修理费用。应由造成废品的过失人负担的赔款，应从废品损失中减去。

经检验部门鉴定不需要返修而可以降价出售的不合格品，其成本与合格品相同；其售价低于合格品售价所发生的损失，应在计算销售损益中体现，不作废品损失处理。产品入库后由于保管不善等原因而损坏变质的损失，应作为管理费用处理，也不列作废品损失。

产品成本核算流程图如图5-6所示。

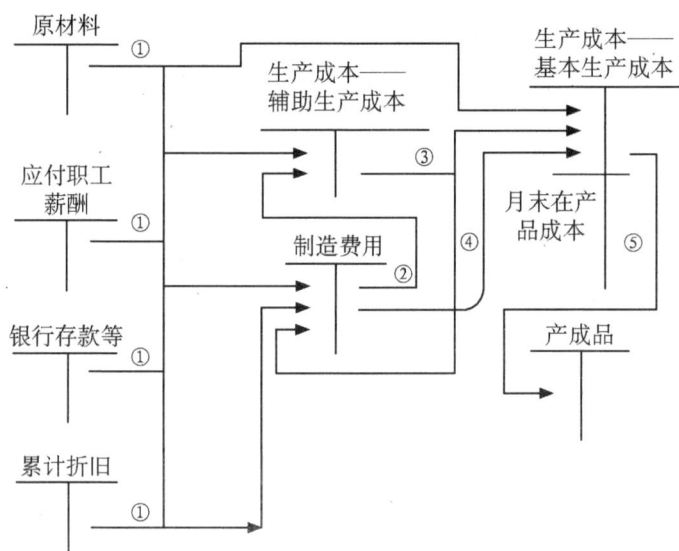

图 5-6　产品成本核算流程图

第四节　产品成本的核算

为适应各种类型生产的特点和管理要求，产品成本计算方法主要分为以下三种：以产品品种为成本计算对象，简称品种法；以产品批别为成本计算对象，简称分批法；以产品生产步骤为成本计算对象，简称分步法。

一、品种法

（一）品种法的概念及特点

品种法，是指以产品品种作为成本核算对象，归集和分配生产成本，计算产品成本的一种方法。这种方法适用于单步骤、大量生产的企业，如发电、供水、采掘等企业。在这种类型的生产中，产品的生产技术过程不能从技术上划分为步骤，比如，企业或车间的规模较小，或者车间是封闭的，也就是从材料投入到产品产出的全部生产过程都是在一个车间内进行的，或者生产按流水线组织，管理上不要求按照生产步骤计算产品成本，都可以按照品种计算产品成本。

品种法计算成本的主要特点：一是成本核算对象是产品品种。如果企业只生产一种产品，全部生产成本都是直接成本，可直接记入该产品生产成本明细账的有关成本项目中，不存在在各种成本核算对象之间分配成本的问题。如果生产多种产品，间接生产成本则要采用适当的方法，在各成本核算对象之间进行分配。二是品种法下一般定期（每月月末）计算产品成本。三是如果企业月末有在产品，要将生产成本在完工产品和在产品之间进行分配。

（二）品种法成本核算的一般程序

（1）按产品品种设立成本明细账，根据各项费用的原始凭证及相关资料编制有关记账凭证并登记有关明细账，并编制各种费用分配表分配各种要素费用。

（2）根据上述各种费用分配表和其他有关资料，登记辅助生产明细账、基本生产明细账、制造费用明细账等。

（3）根据辅助生产明细账编制辅助生产成本分配表，分配辅助生产成本。

（4）根据制造费用明细账编制制造费用分配表，在各种产品之间分配制造费用，并据以登记基本生产成本明细账。

（5）根据各产品基本生产明细账编制产品成品计算单，分配完工产品成本和在产品成本。

（6）汇编产成品的成本汇总表，结转产成品成本。

【案例5-7】 品种法核算产品的生产成本

精工制造公司2×19年8月生产甲、乙两种产品，本月有关成本计算资料如下：

1. 月初在产品成本

甲、乙两种产品的月初在产品成本见表5-3。

表5-3 甲、乙产品月初在产品成本资料表

2×19年8月 单位：元

摘要	直接材料	直接人工	制造费用	合计
甲产品月初在产品成本	164 000	32 470	3 675	200 145
乙产品月初在产品成本	123 740	16 400	3 350	143 490

2. 本月生产数量

甲产品本月完工500件，月末在产品100件，实际生产工时100 000小时；乙产品本月完工200件，月末在产品40件，实际生产工时50 000小时。甲、乙两种产品的原材料都在生产开始时一次投入，加工费用发生比较均衡，月末在产品完工程度均为50%。

3. 本月发生生产费用如下：

（1）本月发出材料汇总表，见表5-4。

表5-4 发出材料汇总表

2×19年8月 单位：元

领料部门和用途	材料类别			合计
	原材料	包装物	低值易耗品	
基本生产车间耗用				
甲产品耗用	800 000	10 000		810 000
乙产品耗用	600 000	4 000		604 000
甲、乙产品共同耗用	28 000			28 000
车间一般耗用	2 000		100	2 100
辅助生产车间耗用				

（续表）

领料部门和用途	材料类别			合计
	原材料	包装物	低值易耗品	
供电车间耗用	1 000			1 000
机修车间耗用	1 200			1 200
厂部管理部门耗用	1 200		400	1 600
合计	1 433 400	14 000	500	1 447 900

备注：生产甲、乙两种产品共同耗用的材料，按甲、乙两种产品直接耗用原材料的比例进行分配。

（2）本月工资结算汇总表及职工福利费用计算表（简化格式），见表5-5。

表5-5　工资及福利费汇总表

2×19年8月　　　　　　　　　　　　　单位：元

人员类别	应付工资总额	应计提福利费	合计
基本生产车间			
产品生产工人	420 000	58 800	478 800
车间管理人员	20 000	2 800	22 800
辅助生产车间			
供电车间	8 000	1 120	9 120
机修车间	7 000	980	7 980
厂部管理人员	40 000	5 600	45 600
合计	495 000	69 300	564 300

（3）本月以现金支付的费用为2 500元，其中基本生产车间负担的办公费250元，市内交通费65元；供电车间负担的市内交通费145元；机修车间负担的外部加工费480元；厂部管理部门负担的办公费1 360元，材料市内运输费200元。

（4）本月以银行存款支付的费用为14 700元，其中基本生产车间负担的办公费1 000元，水费2 000元，差旅费1 400元，设计制图费

2 600 元；供电车间负担的水费 500 元，外部修理费 1 800 元；机修车间负担的办公费 400 元；厂部管理部门负担的办公费 3 000 元，水费 1 200 元，招待费 200 元，市话费 600 元。

（5）本月应计提固定资产折旧费 22 000 元，其中：基本生产车间折旧 10 000 元，供电车间折旧 2 000 元，机修车间折旧 4 000 元，厂部管理部门折旧 6 000 元。

（6）根据"待摊费用"账户记录，本月应分摊财产保险费 3 195 元，其中供电车间负担 800 元，机修车间负担 600 元，基本生产车间负担 1 195 元，厂部管理部门负担 600 元。

根据上述资料采用品种法计算该公司的产品成本。

1. 设置有关成本费用明细账和成本计算单

按品种设置基本生产成本明细账（见表5-12和表5-13）和成本计算单（见表5-23和表5-24），按车间设置辅助生产成本明细账（见表5-14和表5-15）和制造费用明细账（见表5-16），其他与成本计算无关的费用明细账，如管理费用明细账等，此略。

2. 要素费用的分配

根据各项生产费用发生的原始凭证和其他有关资料，编制各项要素费用分配表，分配各项要素费用。

（1）分配材料费用。其中：生产甲、乙两种产品共同耗用材料按甲、乙两种产品直接耗用原材料的比例分配。分配结果，见表5-6和表5-7。

表5-6　甲、乙产品共同耗用材料分配表

2×19 年 8 月　　　　　　　　　　　　　单位：元

产品名称	直接耗用原材料	分配率	分配共耗材料
甲产品	800 000		16 000
乙产品	600 000		12 000
合计	1 400 000	0.02	28 000

表5-7　材料费用分配表

2×19 年 8 月 　　　　　　　　　　　　　单位：元

会计科目	明细科目	原材料	包装物	低值易耗品	合计
基本生产成本	甲产品	816 000	10 000		826 000
	乙产品	612 000	4 000		616 000
	小计	1 428 000	14 000		1 442 000
辅助生产成本	供电车间	1 000			1 000
	机修车间	1 200			1 200
	小计	2 200			2 200
制造费用	基本生产车间	2 000		100	2 100
管理费用	修理费	1 200		400	1 600
合计		1 433 400	14 000	500	1 447 900

根据材料费用汇总表，编制发出材料的会计分录如下：

借：基本生产成本——甲产品　　　　　　　　　　826 000

　　　　　　　　　——乙产品　　　　　　　　　616 000

　　辅助生产成本——供电车间　　　　　　　　　1 000

　　　　　　　　　——机修车间　　　　　　　　1 200

　　制造费用——基本生产车间　　　　　　　　　2 100

　　管理费用——修理费　　　　　　　　　　　　1 600

　　贷：原材料　　　　　　　　　　　　　　　1 433 400

　　　　包装物　　　　　　　　　　　　　　　　14 000

　　　　低值易耗品　　　　　　　　　　　　　　　500

（2）分配工资及福利费用。其中：甲、乙两种产品应分配的工资及福利费按甲、乙两种产品的实际生产工时比例分配。分配结果，见表5-8。

表5-8 工资及福利费用分配表

2×19年8月 单位：元

分配对象		工资			福利费	
会计科目	明细科目	分配标准	分配率	分配额	分配率	分配额
基本生产成本	甲产品	100 000		280 000		39 200
	乙产品	50 000		140 000		19 600
	小计	150 000	2.80	420 000	0.392	58 800
辅助生产成本	供电车间			8 000		1 120
	机修车间			7 000		980
	小计			15 000		2 100
制造费用	基本生产车间			20 000		2 800
管理费用	工资、福利费			40 000		5 600
合计				495 000		69 300

根据工资及福利费分配表，编制工资及福利费分配业务的会计分录如下：

借：基本生产成本——甲产品 280 000

     ——乙产品 140 000

  辅助生产成本——供电车间 8 000

     ——机修车间 7 000

  制造费用——基本生产车间 20 000

  管理费用——修理费 40 000

   贷：应付工资 495 000

借：基本生产成本——甲产品 39 200

     ——乙产品 19 600

  辅助生产成本——供电车间 1 120

     ——机修车间 980

  制造费用——基本生产车间 2 800

  管理费用——修理费 5 600

贷：应付福利费   69 300

（3）计提固定资产折旧费用及摊销待摊费用。分配结果见表5-9和表5-10。

表5-9　折旧费用计算表

2×19年8月   单位：元

会计科目	明细科目	费用项目	分配金额
制造费用	基本生产车间	折旧费	10 000
辅助生产成本	供电车间	折旧费	2 000
	机修车间	折旧费	4 000
管理费用		折旧费	6 000
合计			22 000

根据折旧费用计算表，编制计提折旧的会计分录如下

借：制造费用——基本生产车间   10 000

    辅助生产成本——供电车间   2 000

            ——机修车间   4 000

    管理费用——折旧费   6 000

  贷：累计折旧   22 000

表5-10　待摊费用（财产保险费）分配表

2×19年8月   单位：元

会计科目	明细科目	费用项目	分配金额
制造费用	基本生产车间	保险费	1 195
辅助生产成本	供电车间	保险费	800
	机修车间	保险费	600
管理费用		保险费	600
合计			3 195

根据待摊费用分配表，编制摊销财产保险费的会计分录如下：

借：制造费用——基本生产车间　　　　　　　　　　　1 195

　　辅助生产成本——供电车间　　　　　　　　　　　800

　　　　　　　　——机修车间　　　　　　　　　　　600

　　管理费用——财产保险费　　　　　　　　　　　　600

　　贷：待摊费用——财产保险费　　　　　　　　　　　　3 195

（4）分配本月现金和银行存款支付费用。分配结果见表5-11。

表5-11　其他费用分配表

2×19年8月　　　　　　　　　　　　　　　　　　单位：元

会计科目	明细科目	现金支付	银行存款支付	合计
制造费用	基本生产车间	315	7 000	7 315
辅助生产成本	供电车间	145	2 300	2 445
	机修车间	480	400	880
管理费用		1 560	5 000	6 560
合计		2 500	14 700	17 200

根据其他费用分配表，编制会计分录如下：

借：制造费用——基本生产车间　　　　　　　　　　　7 315

　　辅助生产成本——供电车间　　　　　　　　　　　2 445

　　　　　　　　——机修车间　　　　　　　　　　　880

　　管理费用——财产保险费　　　　　　　　　　　　6 560

　　贷：现金　　　　　　　　　　　　　　　　　　　　2 500

　　　　银行存款　　　　　　　　　　　　　　　　　14 700

（5）根据各项要素费用分配表及编制的会计分录，登记有关基本生产成本明细账（表5-12和表5-13）、辅助生产成本明细账（表5-14和表5-15）和制造费用明细账（表5-16）。

表5-12　基本生产成本明细账

产品名称：甲产品　　　　　　　　　　　　　　　　　　　　　　　　单位：元

年		凭证字号	摘要	直接材料	直接人工	制造费用	合计
月	日						
7	31		月末在产品成本	164 000	32 470	3 675	200 145
8	31	略	材料费用分配表	826 000			826 000
	31		工资福利费分配表		319 200		319 200
	31		生产用电分配表	6 120			6 120
	31		制造费用分配表			37 300	37 300
	31		本月生产费用合计	832 120	319 200	37 300	1 188 620
	31		本月累计	996 120	351 670	40 975	1 388 765
	31		结转完工入库产品成本	830 100	319 700	37 250	1 187 050
	31		月末在产品成本	166 020	31 970	3 725	201 715

表5-13　基本生产成本明细账

产品名称：乙产品　　　　　　　　　　　　　　　　　　　　　　　　单位：元

年		凭证字号	摘要	直接材料	直接人工	制造费用	合计
月	日						
7	31		月末在产品成本	123 740	16 400	3 350	143 490
8	31	略	材料费用分配表	616 000			616 000
	31		工资福利费分配表		159 600		159 600
	31		生产用电分配表	3 060			3 060
	31		制造费用分配表			18 650	18 650
	31		本月生产费用合计	619 060	159 600	18 650	797 310
	31		本月累计	742 800	176 000	22 000	940 800
	31		结转完工入库产品成本	619 000	160 000	20 000	799 000
	31		月末在产品成本	123 800	16 000	2 000	141 800

表5-14 辅助生产成本明细账

车间名称：供电车间 单位：元

年		凭证字号	摘要	直接材料	直接人工	制造费用	合计
月	日						
8	1	略	材料费用分配表	1 000			1 000
	31		工资福利费分配表		9 120		9 120
	31		计提折旧费			2 000	2 000
	31		分摊财产保险费			800	800
	31		其他费用			2 445	2 445
	31		本月合计	1 000	9 120	5 245	15 365
	31		结转各受益部门	1 000	9 120	5 245	15 365

表5-15 辅助生产成本明细账

车间名称：机修车间 单位：元

年		凭证字号	摘要	直接材料	直接人工	制造费用	合计
月	日						
8	31	略	材料费用分配表	1 200			1 200
	31		工资及福利费分配表		7 980		7 980
	31		计提折旧费			4 000	4 000
	31		分摊财产保险费			600	600
	31		其他费用			880	880
	31		本月合计	1 200	7 980	5 480	14 660
	31		结转各受益部门	1 200	7 980	5 480	14 660

表 5-16　制造费用明细账

车间名称：基本生产车间　　　　　　　　　　　　　　　　　单位：元

年		凭证号	摘要	材料费	人工费	折旧费	修理费	水电费	保险费	其他	合计
月	日										
8	31	略	材料费用分配表	2 100							2 100
	31		工资及福利费分配表		22 800						22 800
	31		折旧费用计算表			10 000					10 000
	31		待摊费用分配表						1 195		1 195
	31		其他费用分配表							7 315	7 315
	31		辅助生产分配表				10 500	2 040			12 540
	31		本月合计	2 100	22 800	10 000	10 500	2 040	1 195	7 315	55 950
	31		结转制造费用	2 100	22 800	10 000	10 500	2 040	1 195	7 315	55 950

3. 分配辅助生产费用

（1）根据各辅助生产车间制造费用明细账汇集的制造费用总额，分别转入该车间辅助生产成本明细账。本例题供电和机修车间提供单一产品或服务，未单独设置制造费用明细账，车间发生的间接费用直接记入各车间辅助生产成本明细账。

（2）根据辅助生产成本明细账（表 5-14 和表 5-15）归集的待分配辅助生产费用和辅助生产车间本月劳务供应量，采用计划成本分配法分配辅助生产费用（表 5-17），并据以登记有关生产成本明细账或成本计算单和有关费用明细账。

本月供电和机修车间提供的劳务量见表5-17。

每度电的计划成本为0.34元，每小时机修费的计划成本为3.50元；成本差异全部由管理费用负担。按车间生产甲、乙两种产品的生产工时比例分配，其中：甲产品的生产工时为100 000小时；乙产品的生产工时为50 000小时。分配计入产品成本计算单中"直接材料"成本项目，分配结果见表5-19。

表5-17　供电和机修车间提供的劳务量表

受益部门	供电车间（度）	机修车间（小时）
供电车间		400
机修车间	3 000	
基本生产车间	33 000	3 000
——产品生产	27 000	
——一般耗费	6 000	3 000
厂部管理部门	10 000	1 100
合计	46 000	4 500

表5-18　辅助生产费用分配表

2×19年8月　　　　　　　　　　　　　　　　　　单位：元

受益部门	供电（单位成本0.34元）		机修（单位成本3.50元）	
	用电度数	计划成本	机修工时	计划成本
供电车间			400	1 400
机修车间	3 000	1 020		
基本生产车间	33 000	11 220	3 000	10 500
——产品生产	27 000	9 180		
——一般耗费	6 000	2 040	3 000	10 500
厂部管理部门	10 000	3 400	1 100	3 850
合计	46 000	15 640	4 500	15 750
实际成本		16 765		15 680
成本差异		1 125		−70

备注：供电车间实际成本=15 365+1 400=16 765（元）；机修车间实际成本=14 660+1 020=15 680（元）。

表 5-19　产品生产用电分配表

2×19 年 8 月　　　　　　　　　　　　单位：元

产品	生产工时（小时）	分配率	分配金额
甲产品	100 000		6 120
乙产品	50 000		3 060
合计	150 000	0.061 2	9 180

根据辅助生产费用分配表，编制会计分录如下：

（1）结转辅助生产计划成本

借：辅助生产成本——供电车间　　　　　　　　　　1 400

　　　　　　　　——机修车间　　　　　　　　　　1 020

　　基本生产成本——甲产品　　　　　　　　　　　6 120

　　　　　　　　——乙产品　　　　　　　　　　　3 060

　　制造费用——基本生产车间　　　　　　　　　　12 540

　　管理费用　　　　　　　　　　　　　　　　　　7 250

　　　贷：辅助生产成本——供电车间　　　　　　　　　15 640

　　　　　　　　　　　——机修车间　　　　　　　　　15 750

（2）结转辅助生产成本差异，为了简化成本计算工作，成本差异全部计入管理费用

借：管理费用　　　　　　　　　　　　　　　　　　1055

　　贷：辅助生产成本——供电车间　　　　　　　　　1125

　　　　　　　　　　　——机修车间　　　　　　　　　70

4. 分配制造费用

根据基本生产车间制造费用明细账（表 5-16）归集的制造费用总额，编制制造费用分配表，并登记基本生产成本明细账和有关成本计算单。

本例题按甲、乙两种产品的生产工时比例分配制造费用，分配结果见表 5-20。

表5-20　制造费用分配表

车间名称：基本生产车间　　　　　　　　　　　　　　　　　　单位：元

产品	生产工时	分配率	分配金额
甲产品	100 000		37 300
乙产品	50 000		18 650
合计	150 000	0.373	55 950

根据制造费用分配表，编制会计分录如下：

借：基本生产成本——甲产品　　　　　　　　　　37 300

　　　　　　　　——乙产品　　　　　　　　　　18 650

　　贷：制造费用——基本生产车间　　　　　　　　　　55 950

5. 在完工产品与在产品之间分配生产费用

根据各产品成本计算单归集的生产费用合计数和有关生产数量记录，在完工产品和月末在产品之间分配生产费用。

该企业本月甲产品完工入库500件，月末在产品100件；乙产品完工入库200件，月末在产品40件。按约当产量法分别计算甲、乙两种产品的完工产品成本和月末在产品成本。月末在产品约当产量计算情况见表5-21和表5-22。

表5-21　在产品约当产量计算表

产品名称：甲产品　　　　　　　　　　　　　　　　　　　　单位：件

成本项目	在产品数量	投料程度（加工程度）	约当产量
直接材料	100	100%	100
直接人工	100	50%	50
制造费用	100	50%	50

表5-22 在产品约当产量计算表

产品名称：乙产品 单位：件

成本项目	在产品数量	投料程度（加工程度）	约当产量
直接材料	40	100%	40
直接人工	40	50%	20
制造费用	40	50%	20

根据甲、乙两种产品的月末在产品约当产量，采用约当产量法在甲、乙两种产品的完工产品与月末在产品之间分配生产费用。编制成本计算单如下，见表5-23和表5-24。

表5-23 产品成本计算单

产品名称：甲产品 产成品：500件 在产品：100件

摘要	直接材料	直接人工	制造费用	合计
月初在产品成本	164 000	32 470	3 675	200 145
本月发生生产费用	832 120	319 200	37 300	1 188 620
生产费用合计	996 120	351 670	40 975	1 388 765
完工产品数量	500	500	500	
在产品约当量	100	50	50	
总约当产量	600	550	550	
分配率（单位成本）	1 660.20	639.40	74.50	2 374.10
完工产品总成本	830 100	319 700	37 250	1 187 050
月末在产品成本	166 020	31 970	3 725	201 715

表5-24 产品成本计算单

产品名称：乙产品 产成品：200件 在产品：40件

摘要	直接材料	直接人工	制造费用	合计
月初在产品成本	123 740	16 400	3 350	143 490
本月发生生产费用	619 060	159 600	18 650	797 310
生产费用合计	742 800	176 000	22 000	940 800

（续表）

摘要	直接材料	直接人工	制造费用	合计
完工产品数量	200	200	200	
在产品约当量	40	20	20	
总约当产量	240	220	220	
分配率（单位成本）	3 095	800	100	
完工产品总成本	619 000	160 000	20 000	799 000
月末在产品成本	123 800	16 000	2 000	141 800

6. 编制完工产品成本汇总表

根据表5-23和表5-24中的分配结果，编制完工产品成本汇总表（表5-25），并据以结转完工产品成本。

表5-25　完工产品成本汇总表

2×19年8月　　　　　　　　　　　　　　　　　单位：元

成本项目	甲产品（500件）		乙产品（200件）	
	总成本	单位成本	总成本	单位成本
直接材料	830 100	1 660.20	619 000	3 095
直接人工	319 700	639.40	160 000	800
制造费用	37 250	74.50	20 000	100
合计	1 187 050	2 374.10	799 000	3 995

根据完工产品成本汇总表或成本计算单及成品入库单，结转完工入库产品的生产成本。编制会计分录如下：

借：库存商品——甲产品　　　　　　　　1 187 050

　　　　　——乙产品　　　　　　　　　 799 000

　　贷：基本生产成本——甲产品　　　　　　　　1 187 050

　　　　　　　　——乙产品　　　　　　　　　 799 000

二、分批法

（一）分批法的概念及特点

分批法，是指以产品的批别作为产品成本核算对象，归集和分配生产成本，计算产品成本的一种方法。这种方法主要适用于单件、小批生产的企业，如造船、重型机器制造、精密仪器制造等，也可用于一般企业中的新产品试制或试验的生产、在建工程以及设备修理作业等。

分批法计算成本的主要特点有：一是成本核算对象是产品的批别。由于产品的批别大多是根据销货订单确定的，因此，这种方法又称订单法。成本核算对象是购买者事先订货或企业规定的产品批别。二是产品成本的计算是与生产任务通知单的签发和结束紧密配合的，因此产品成本计算是不定期的。成本计算期与产品生产周期基本一致，但与财务报告期不一致。三是由于成本计算期与产品的生产周期基本一致，因此在计算月末在产品成本时，一般不存在在完工产品和在产品之间分配成本的问题。

（二）分批法成本核算的一般程序

（1）按产品批别设立产品的成本明细账，根据各项费用的原始资料和其他有关资料，编制各种费用分配表，并据以登记产品成本明细账，归集各批产品成本。

（2）分批法条件下，月末完工产品与在产品之间的费用分配有以下几种情况：

① 如果是单件生产，产品完工以前，产品成本明细账所记的生产费用都是在产品成本；产品完工时，产品成本明细账所记的生产费用，就是完工产品成本，因而在月末计算成本时，不存在在完工产品与在产品之间分配费用的问题。

② 如果是小批生产，批内产品一般都能同时完工，在月末计算成本时，或是全部已经完工，或是全部没有完工，因而一般也不存在在完工产品与在产品之间分配费用的问题。

③ 如果批次内产品跨月陆续完工，这时就要在完工产品与在产品之间分配费用。具体可以采取简化的方法处理：如按计划单位成本、定额单位成本、最近一期相同产品的实际单位成本计算完工产品成本；从产品成本明细账中转出完工产品成本后，各项费用余额之和即为在产品成本。也可根据具体条件采用前述的分配方法进行分配。

【案例5-8】 分批法核算产品的生产成本

精工制造公司设有一个基本生产车间，按生产任务通知单（工作令号）分批组织生产，属于小批生产组织类型的企业。根据其自身的生产特点和管理要求，采用一般分批法计算投产各批产品的生产成本。成本计算的有关资料如下：

精工制造公司2×19年9月1日投产甲产品100件，批号为901号，在9月份全部完工；9月10日投产乙产品150件，批号902号，当月完工40件；9月15日投产丙产品200件，批号为903号，尚未完工。

1. 本月发生的各项费用如下：

（1）901号产品耗用原材料125 000元；902号产品耗用原材料167 000元；903号产品耗用原材料226 000元；生产车间一般耗用原材料8 600元。

（2）生产工人工资19 600元；车间管理人员工资2 100元。

（3）车间耗用外购的水电费2 400元，以银行存款付讫。

（4）计提车间负担的固定资产折旧费3 800元。

（5）车间负担的其他费用250元，以银行存款付讫。

2. 其他有关资料：

（1）原材料采用计划成本计价，差异率为+4%。

（2）生产工人工资按耗用工时比例分配，其中：901号产品工时为18 000小时；902号产品工时为20 000小时；903号产品工时为11 000小时。

（3）制造费用也按耗用工时比例进行分配。

（4）902号产品完工40件按定额成本转出，902号产品定额单位成本为：直接材料1 100元，直接人工75元，制造费用60元。

3. 分批法的成本计算程序

（1）设置成本计算单。在成本计算的分批法下，成本计算单应按产品的投产批别分别设置，见表5-30、表5-31和表5-32。

（2）分配各项费用要素。根据资料，编制费用分配表来分配各费用要素，编制会计分录如下：

①编制原材料费用分配表，见表5-26。

表5-26　原材料费用分配表

2×19年9月

应借账户		成本或费用项目	计划成本	材料差异额	材料实际成本
基本生产成本	901号产品	直接材料	125 000	5 000	130 000
	902号产品	直接材料	167 000	6 680	173 680
	903号产品	直接材料	226 000	9 040	235 040
小计			518 000	20 720	538 720
制造费用	机物料消耗	材料费	8 600	344	8 944
合计			526 600	21 064	547 664

根据原材料分配表，编制会计分录：

借：基本生产成本——901号产品　　　　　　　　125 000

　　　　　　　　——902号产品　　　　　　　　167 000

　　　　　　　　——903号产品　　　　　　　　226 000

　　制造费用——基本生产车间　　　　　　　　　 8 600

　　贷：原材料　　　　　　　　　　　　　　　　　　　 526 600

借：基本生产成本——901号产品　　　　　　　　　5 000

　　　　　　　　——902号产品　　　　　　　　　6 680

　　　　　　　　——903号产品　　　　　　　　　9 040

　　制造费用——基本生产车间　　　　　　　　　　　344

　　贷：材料成本差异　　　　　　　　　　　　　　　　 21 064

②编制职工薪酬分配表，见表5-27。

表 5-27　职工薪酬分配表

2×19 年 9 月

应借账户		工资			
		生产工人		其他人员	合计
		工时	分配金额（分配率：0.456）		
基本生产成本	901 号产品	18 000	8 208		8 208
	902 号产品	20 000	9 120		9 120
	903 号产品	11 000	5 016		5 016
	小计	49 000	22 344		22 344
制造费用				2 394	2 394
合计			22 344	2 394	24 738

根据工资分配表，编制会计分录：

借：基本生产成本——901 号产品　　　　　　　　8 208

　　　　　　　　——902 号产品　　　　　　　　9 120

　　　　　　　　——903 号产品　　　　　　　　5 016

　　制造费用——基本生产车间　　　　　　　　　2 394

　　　贷：应付职工薪酬　　　　　　　　　　　24 738

③折旧费、水电费及其他费用的核算。

A. 支付本月的水电费：

借：制造费用——基本生产车间　　　　　　　　　2 400

　　　贷：银行存款　　　　　　　　　　　　　　2 400

B. 提取固定资产折旧费：

借：制造费用——基本生产车间　　　　　　　　　3 800

贷：累计折旧　　　　　　　　　　　　　　　　　3 800

C. 本月发生的其他费用：

借：制造费用——基本生产车间　　　　　　　　　250

　　　贷：银行存款　　　　　　　　　　　　　　250

（3）归集和分配基本生产车间的制造费用，见表5-28和表5-29。

表5-28　制造费用明细账

| 2×16年 | | 摘要 | 材料费 | 工资 | 水电费 | 折旧费 | 其他 | 合计 |
月	日							
9	30	消耗材料	8 600					8 600
	30	结转成本差异	344					344
	30	结算工资		2 394				2 394
	30	支付水电费			2 400			2 400
	30	计提折旧				3 800		3 800
	30	其他费用					250	250
	30	本月合计	8 944	2 394	2 400	3 800	250	17 788
	30	分配转出	8 944	2 394	2 400	3 800	250	17788

表5-29　制造费用分配表

2×19年9月

应借账户		成本项目	实用工时	分配率	应分配金额
基本生产成本	901 号产品	制造费用	18 000		6 534
	902 号产品	制造费用	20 000		7 260
	903 号产品	制造费用	11 000		3 994
合计			49 000	0.363 0	17 788

根据制造费用分配表，编制会计分录：

借：基本生产成本——901 号产品　　　　　　　6 534

　　　　　　　　——902 号产品　　　　　　　7 260

　　　　　　　　——903 号产品　　　　　　　3 994

贷：制造费用——基本生产车间　　　　　　　　17 788

（4）计算并结转完工产品成本。见表5-30、表5-31和表5-32。

表5-30 基本生产成本明细账

批号：901号　　　　开工日期：9月1日

产品名称：甲产品　　批量：100件　　完工：100件　　完工日期：9月30日

2×16年		凭证		摘要	直接材料	直接人工	制造费用	合计
月	日	种类	号数					
9	30			材料分配表	130 000			130 000
	30			工资福利分配表		8 208		8 208
	30		略	制造费用分配表			6 534	6 534
	30			合计	130 000	8 208	6 534	144 742
	30			结转完工产品成本	130 000	8 208	6 534	144 742
	30			单位成本	1 300	82.08	65.34	1 447.42

表5-31 基本生产成本明细账

批号：902号　　　　开工日期：9月10日

产品名称：乙产品　　批量：150件　　件完工：40件　　完工日期：

2×16年		凭证		摘要	直接材料	直接人工	制造费用	合计
月	日	种类	号数					
9	30			材料分配表	173 680			173 680
	30			工资福利分配表		9 120		9 120
	30		略	制造费用分配表			7 260	7 260
	30			合计	173 680	9 120	7 260	190 060
	30			结转完工产品成本	44 000	3 000	2 400	49 400
	30			月末在产品成本	129 680	6 120	4 860	140 660

备注：完工产品成本采用定额成本法计算，其中：直接材料 $40×1\,100=44\,000$；
直接人工 $40×75=3\,000$；制造费用 $40×60=2\,400$。

表5-32　基本生产成本明细账

批号：903号　　　　　开工日期：9月15日

产品名称：丙产品　　　批量：200件　完工：　　　　完工日期：

2×16年		凭证		摘要	直接材料	直接人工	制造费用	合计
月	日	种类	号数					
9	30			材料分配表	235 040			235 040
	30			工资福利分配表		5 016		5 016
	30			制造费用分配表			3 994	3 994
	30			合计	235 040	5 016	3 994	244 050

根据成本计算单编制结转901号、902号完工产品成本的会计分录：

借：库存商品——901号产品　　　　　　　144 742

　　　　　　——902号产品　　　　　　　 49 400

　　贷：基本生产成本——901号产品　　　　144 742

　　　　　　　　　　——902号产品　　　　 49 400

三、分步法

（一）分步法的概念及特点

分步法，是指按照生产过程中各个加工步骤（分品种）为成本核算对象，归集和分配生产成本，计算各步骤半成品和最后产成品成本的一种方法。这种方法适用于大量大批的多步骤生产，如冶金、纺织、机械制造等。在这类企业中，产品生产可以分为若干个生产步骤的成本管理，通常不仅要求按照产品品种计算成本，而且还要求按照生产步骤计算成本，以便为考核和分析各种产品及各生产步骤的成本计划的执行情况提供资料。

分步法计算成本的主要特点有：一是成本核算对象是各种产品的生产步骤。二是月末为计算完工产品成本，还需要将归集在生产成本明细账中的生产成本在完工产品和在产品之间进行分配。三是除了按品种计算和结转产品成本外，还需要计算和结转产品的各步骤成本。其成本核算对象，是各种产品及其所经过的各个加工步骤。如果企业只生产一种产品，则成本核算对象就是该种产品及其所经过的各个生产步骤。其成本计算期是固定的，与产品的生产周期不一致。

（二）分步法成本核算的一般程序

在实际工作中，根据成本管理对各生产步骤成本资料的不同要求（如是否要求计算半成品成本）和简化核算的要求，各生产步骤成本的计算和结转，一般采用逐步结转和平行结转两种方法，称为逐步结转分步法和平行结转分步法。

1. 逐步结转分步法

逐步结转分步法是为了分步计算半成品成本而采用的一种分步法，也称计算半成品成本分步法。它是按照产品加工的顺序，逐步计算并结转半成品成本，直到最后加工步骤完成才能计算产成品成本的一种方法。它是按照产品加工顺序先计算第一个加工步骤的半成品成本，然后结转给第二个加工步骤，这时，第二个步骤把第一个步骤结转来的半成品成本加上本步骤耗用的材料成本和加工成本，即可求得第二个加工步骤的半成品成本。这种方法用于大量大批连续式复杂性生产的企业。这种类型的企业，有的不仅将产成品作为商品对外销售，而且生产步骤所产半成品也经常作为商品对外销售。例如，钢铁厂的生铁、钢锭，纺织厂的棉纱等，都需要计算半成品成本。

逐步结转分步法在完工产品和在产品之间分配生产成本，即在各步骤完工产品和在产品之间进行分配。其优点：一是能提供各个生产步骤的半成品成本资料；二是为各生产步骤的在产品实物管理及资金管理提供资料；三是能够全面地反映各生产步骤的生产耗费水平，更好地满足各生产步骤成本管理的要求。其缺点：成本结转工作量较大，各生产步骤的半成品成本如果采用逐步综合结转方法，还要进行成本还原，增加了核算的工作量。

2. 平行结转分步法

平行结转分步法也称不计算半成品成本分步法。它是指在计算各步骤成本时，不计算各步骤所产半成品的成本，也不计算各步骤所耗上一步骤的半成品成本，而只计算本步骤发生的各项其他成本，以及这些成本中应计入产成品的份额，将相同产品的各步骤成本明细账中的这些份额平行结转、汇总，即可计算出该种产品的产成品成本。

采用平行结转分步法的成本核算对象是各种产成品及其经过的各生产步骤中的成本份额。而各步骤的产品生产成本并不伴随着半成品实物的转移而结转。

各生产步骤均不计算本步骤的半成品成本，尽管半成品的实物转入下一生产步骤继续加工，但其成本并不结转到下一生产步骤的成本计算单中去，只是在产品最后完工产成品入库时，才将各步骤生产成本中应由完工产品负担的份额，从各步骤成本计算单中转出，平行汇总计算产成品成本。

【案例 5-9】　分步法核算产品的生产成本

精工制造公司生产的丁产品经过三个车间连续加工制成，第一车间生产 D 半成品，直接转入二车间加工制成 H 半成品，H 半成品直接转入三车间加工成丁产成品。其中，1 件丁产品耗用 1 件 H 半成品，1 件 H 半成品耗用 1 件 D 半成品。原材料于第一车间生产开始时一次投入，第二车间和第三车间不再投入材料。各车间月末在产品完工率均为 50%。各车间生产费用在完工产品和在产品之间的分配采用约当产量法。

（1）本月各车间产量资料见表 5-33。

表 5-33　各车间产量资料表

单位：件

摘要	第一车间	第二车间	第三车间
月初在产品数量	20	50	40
本月投产数量或上步转入	180	160	180
本月完工产品数量	160	180	200
月末在产品数量	40	30	20

（2）各车间月初及本月费用资料见表5-34。

表5-34 各车间月初及本月费用

单位：元

	摘要	直接材料	直接人工	制造费用	合计
第一车间	月初在产品成本	1 000	60	100	1 160
	本月的生产费用	18 400	2 200	2 400	23 000
第二车间	月初在产品成本		200	120	320
	本月的生产费用		3 200	4 800	8 000
第三车间	月初在产品成本		180	160	340
	本月的生产费用		3 450	2 550	6 000

下面采用平行结转法计算丁产品的生产成本，计算过程如下：

（1）编制各生产步骤约当产量的计算表，见表5-35。

表5-35 各生产步骤约当产量的计算表

单位：件

摘要	直接材料	直接人工	制造费用
第一车间步骤的约当产量	290 （200 + 40 + 30 + 20）	270 （200 + 40 × 50% + 30 + 20）	270
第二车间步骤的约当产量	250 （200 + 20 + 30）	235 （200 + 30 × 50% + 20）	235
第三车间步骤的约当产量	220 （200 + 20）	210 （200 + 20 × 50%）	210

（2）编制各生产步骤的成本计算单，见表5-36、表5-37和表5-38。

表5-36 产品成本计算单

车间：第一车间　　　　品名：丁产品（D半成品）　　　　单位：元

摘要	直接材料	直接人工	制造费用	合计
月初在产品成本	1 000	60	100	1 160
本月发生费用	18 400	2 200	2 400	23 000
合计	19 400	2 260	2 500	24 160

（续表）

摘要	直接材料	直接人工	制造费用	合计
第一步骤的约当产量	290	270	270	
分配率	66.90	8.37	9.26	
应计入产成品成本份额	13 380	1 674	1 852	16 906
月末在产品成本	6 020	586	648	7 254

表 5-37　产品成本计算单

车间：第二车间　　　　　　品名：丁产品（H半成品）　　　　　　单位：元

摘要	直接人工	制造费用	合计
月初在产品成本	200	120	320
本月发生费用	3 200	4 800	8 000
合计	3 400	4 920	8 320
第二步骤约当产量	235	235	
分配率	14.47	20.94	
应计入产成品成本份额	2 894	4 188	7 082
月末在产品成本	506	732	1 238

表 5-38　产品成本计算单

车间：第三车间　　　　　　品名：丁产品　　　　　　单位：元

摘要	直接人工	制造费用	合计
月初在产品成本	180	160	340
本月发生费用	3 450	2 550	6 000
合计	3 630	2 710	6 340
第三步骤约当产量	210	210	
分配率	17.29	12.90	
应计入产成品成本份额	3 458	2 580	6 038
月末在产品成本	172	130	302

（3）编制产品成本汇总表，见表 5-39。

表5-39　产品成本汇总计算表

产品名称：丁产品

项目	数量	直接材料	直接人工	制造费用	总成本	单位成本
第一车间		13 380	1 674	1 852	16 906	84.53
第二车间			2 894	4 188	7 082	35.41
第三车间			3 458	2 580	6 038	30.19
合计	200	13 380	8 026	8 620	30 026	150.13

　　根据产品成本汇总计算表和产成品入库单，编制结转完工入库产品生产成本的会计分录如下：

　　借：库存商品——丁产品　　　　　　　　　　　　30 026

　　　　贷：基本生产成本——第一车间　　　　　　　　16 906

　　　　　　　　　　——第二车间　　　　　　　　　　7 082

　　　　　　　　　　——第三车间　　　　　　　　　　6 038

第六章　财务报表的编制

 **本章导读**

财务报表是会计人员工作的最终成果体现，在前面介绍的销售与收款循环、采购与付款循环和生产循环的会计处理基础上，会计人员根据基础会计资料信息编制会计报表来反映企业的某一期间的财务状况和经营成果。对一般的工业企业来说，财务报表主要包括资产负债表、利润表、现金流量表、所有者权益变动表和附注。会计报表作为企业财务状况及经营状况的晴雨表，是财务会计报表分析的基础和纳税评估的重要资料，也是纳税评估的出发点和落脚点。它能向投资者、监管部门及公司管理层提供公司经营发展的较全面的信息。因此，是会计学习的重中之重。在本章中，我们重点学习以下的内容：

（1）财务会计报表概述；

（2）资产负债表及其填列；

（3）利润表及其填列；

（4）现金流量表及其填列；

（5）所有者权益变动表及附注。

第一节 财务会计报表概述

一、概述

工业企业财务会计报表是指工业企业对外提供的反映企业某一特定日期的财务状况和某一会计期间的经营成果、现金流量等会计信息的文件。财务报告包括财务报表和其他应当在财务报告中披露的相关信息和资料。

工业企业在进行日常会计核算时，已经将各项经济业务分类记入会计凭证和相关的账簿中，然而，这些日常核算凭证较为分散，数量也比较多，无法集中、概括地反映企业的财务状况和经营成果，为此，有必要将日常会计资料加以分类、调整和汇总，按一定的表格形式编制会计报表，总括地反映企业财务状况、经营成果和现金流量情况，方便使用者据此进行管理和决策。

财务信息与决策有密切关系，它对决策具有很高的价值，是决策过程中须臾不可或缺的依据。编制财务报表和财务报表分析所揭示的信息对企业以及与企业有利益关系的各方的经济决策有着密切关系。财务报表分析的根本目标就是充分利用财务报表及其分析所揭示的信息，使之成为决策的依据。财务报表分析使用者通常包括投资者、债权人、政府以及相关机构、企业管理人员、职工和社会公众等。他们对财务会计报告所提供信息的要求各有侧重。

1. 投资者最关注的是投资的内在风险和投资报酬。为此依据企业编制的财务会计报告应当着重分析有关企业的盈利能力、资本结构和利润分配政策等方面的情况。对于国务院派出监事会的国有重点大型企业、国有重点金融机构和省、自治区、直辖市人民政府派出监事会的国有企业，应当着重分析企业对国有资产的保值增值情况。

2. 债权人最关注的是其所提供给企业的资金是否安全，自己的债权和利息是否能够按期如数收回。为此，依据企业财务会计报告着重分析有关企业偿债能力的状况，以便做出理性的贷款决策。

3. 政府及相关机构最关注的是国家资源的分配和运用情况，需要向企业了解与经济政策（如税收政策）的制定、国民收入的统计等有关方面的信息。为此依据企业财务会计报告，应当着重分析有关企业的资源及其运用、分配方面的情况为国家的宏观决策提供必要的信息。

4. 企业管理人员最关注的是企业财务状况的好坏、经营业绩的大小以及现金的流动情况。为此，依据企业财务会计报告，应当着重分析有关企业某一特定日期的资产、负债与所有者权益情况以及某一特定经营期间经营业绩与现金流量方面的信息，并做出合理的评价。从而起到强化生产经营管理和提高企业经济效益的作用。

5. 企业职工最关注的是企业为其所提供的就业机会及其稳定性、劳动报酬高低和职工福利好坏等方面的资料，而上述情况又与企业的债务结构及其盈利能力密切相关。因此，依据企业财务会计报告，除了需要分析以上信息外，还需要关注和评价有关职工福利等方面的情况。例如，按照《企业财务会计报告条例》的规定，国有企业、国有控股的或者占主导地位的企业，应当至少每年一次向本企业的职工代表大会公布财务会计报告。

6. 社会公众（包括企业潜在的投资者或潜在的债权人）将最关注企业（特别是股份有限公司）的兴衰及其发展情况。为此，依据企业财务会计报告应当着重分析有关企业目前及其未来发展等有关方面的资料。必须指出：财务会计报告主要是总结企业过去所发生的经济业务及其结果。所提供的仅仅是企业财务会计方面的信息。虽然财务会计报告所提供的信息是大多数使用者的主要信息来源，基本上能满足使用者的需要。但财务会计报告本身所提供的会计信息并不能完全满足使用者进行经济决策所需要的信息，而有关企业人力资源、企业背景、企业文化等非财务会计信息也将对报告使用者的经济决策产生重大影响。

二、财务会计报表分类

一般来说，会计报表可以按照编制单位和时间、服务对象进行分类，如下表 6-1 所示：

表 6-1　财务报表分类

财务报表的分类标准	分类	具体内容	具体要求
按会计报表编制和报送的时间差异	月报	在月份终了时编制的反映月末或当月情况的会计报表	要求简明扼要，以便及时反映各单位的主要情况和主要问题。常用的月报有资产负债、利润表、应交增值税明细表等
	季报	在季度终了时编制的反映季末或当季情况的会计报表	所包括的会计报表一般较少
	年报	在年度终了时编制的反映年末或当年情况的会计报表	要求做到全面完整，能总结全年的经济活动。常见的年报有利润分配表、现金流量表和主营业务收支明细表等
按会计报表的编制单位分类	单位报表	由独立核算的会计主体编制的，用以反映本会计主体的财务状况和经营成果的报表	—
	汇总报表	由上级主管部门将其所属单位报送的会计报表，连同本单位会计报表汇总编制的综合性会计报表	—
按会计报表的服务对象不同	内部报表	适应单位内部经营管理的需要而编制的不对外公开的会计报表，如单位的成本费用明细表、存货明细表等	一般没有规范的格式，不需统一的指标体系，各单位可根据自己的情况和需要自行制定
	外部报表	为满足外部会计信息使用者的需要，按照国家财务、会计制度编制的会计报表，如资产负债表、利润表、现金流量表等	外部报表的种类、格式、内容及编制方法均有统一规定，任何单位不得随意增减变动

三、会计报表的编制要求

为了保证会计报表的质量，充分发挥其作用，我国《企业会计准则》规定了编制会计报表的基本要求："会计报表应按登记完整、核对无误的账簿记录和其他有关资料编制，做到数字真实、计算准确、内容完整、报送及时。"会计报表的编制要求见表6-2。

表6-2　会计报表的编报要求

基本要求	数字真实，计算准确	内容完整	编报及时
具体内容	能够真实准确地反映企业的财务状况和经营成果，所以会计报表中各项目的数字必须以核对无误的账簿记录和其他资料填写，不得用预计数字、估计数字代替真实数字，更不得弄虚做假，伪造报表数字，同时还要对会计报表中各项目的金额采用正确计算方法，确保计算结果的准确；为了保证数字真实、准确，在编制会计报表时要根据程度按期结账、认真对账和财产清查，使会计账簿所有记录准确无误	会计信息的内容必须全面、系统地反映出企业经营活动的全部情况，为此要求企业必须按规定的报表种类、格式和内容来编制，不得漏编漏报，对不同会计期间应编报的各种会计报表，都必须填列完整；同时要求企业在每种会计报表中应填写的各项指标，不论是表内项目还是表外补充资料，都必须填列齐全，对某些不便列入报表的重要资料，应在括号内说明或以附注等形式加以说明	如果会计信息的报告期被不适当地拖延，即使是最真实最完整的会计报表也将失去其效用。所以，会计报表必须按照规定的期限和程序，及时编制、及时报送。 根据我国会计制度规定：月份会计报表应于月份终了后6天内报出；季度报告应于季度终了后15天内报出；中报应于年度中期结束后60天内报出；年度会计报表应于年度终了后4个月内报出。法律、法规另有规定者，从其规定

第二节　资产负债表及其填列

一、资产负债表概述

资产负债表是指反映工业企业在某一特定日期财务状况的报表。它反映工业企业在某一特定日期所拥有或控制的经济资源、所承担的现时义务和所有者对净资产的要求权财务状况的报表。由于该表反映了企业在特定日期的资产、负债和所有者权益情况，因此属于静态报表。

另外，对于资产负债表的使用者也有诸多影响：

1. 企业管理者通过资产负债表了解企业拥有或控制的经济资源和承担的责任、义务，了解企业资产、负债各项目的构成比例是否合理，并以此分析企业的生产经营能力、营运能力和偿债能力，预测企业未来经营前景。

2. 企业的投资者通过资产负债表了解所有者权益构成情况，考核企业管理人员是否有效利用现有资源，是否使资产得到增值，以此分析企业财务实力和未来发展能力，并做出是否继续投资的决策。

3. 企业债权人和供应商通过资产负债表了解企业的偿债能力、支付能力及现有财务状况，以便分析财务风险，预测未来现金流动情况，做出贷款及营销决策。

4. 财政、税务等政府机构和部门通过资产负债表，可以了解企业是否认真贯彻执行有关方针、政策，以便加强宏观管理和调控。

二、编制依据及结构

资产负债表采用账户式结构，报表分为左右两方，左方列示资产各项目，反映全部资产的分布及存在形态；右方列示负债和所有者权益各项目，反映全部负债和所有者权益的内容及构成情况。资产负债表左右双方平衡，资产总计等于负债和所有者权益总计，即"资产 = 负债 + 所有者权益"。此外，为了使使用者通过比较不同时点资产负债表的数据，掌握工业企业财务状况的变动情况及发展趋势，工业企业需要提供比较资产负债表，资产负债表分为"年初余额"和"期末余额"两栏分别填列。

三、资产和负债按流动性列报

根据财务报表列报准则的规定，资产负债表上资产和负债应当按照流动性分别分为流动资产和非流动资产、流动负债和非流动负债列示。流动性，通常按资产的变现或耗用时间长短或者负债的偿还时间长短来确定。

对于工业企业而言，通常在明显可识别的营业周期内销售产品或提供服务，应当将资产和负债分别分为流动资产和非流动资产、流动负债和非流动负债列示，有助于反映本营业周期内预期能实现的资产和应偿还的负债。

1. 资产的流动性划分

资产满足下列条件之一的，应当归类为流动资产：

（1）预计在一个正常营业周期中变现、出售或耗用。这主要包括存货、应收账款等资产。需要指出的是，变现一般针对应收账款等而言，指将资产变为现金；出售一般针对产品等存货而言；耗用一般指将存货（如原材料）转变成另一种形态（如产成品）。

（2）预计在资产负债表日起一年内（含一年，下同）变现。

（3）自资产负债表日起一年内，交换其他资产或清偿负债的能力不受限制的现金或现金等价物。同时，流动资产以外的资产应当归类为非流动资产。

所谓"正常营业周期"，是指企业从购买用于加工的资产起至实现现金或现金等价物的期间。正常营业周期通常短于一年，在一年内有几个营业周期。但是，因生产周期较长等导致正常营业周期长于一年的，尽管相关资产往往超过一年才变现、出售或耗用，仍应当划分为流动资产。当正常营业周期不能确定时，企业应当以一年（12个月）作为正常营业周期。

2. 负债的流动性划分

流动负债的判断标准与流动资产的判断标准相类似。负债满足下列条件之一的，应当归类为流动负债：（1）预计在一个正常营业周期中清偿。（2）自资产负债表日起一年内到期应予以清偿。（3）企业无权自主地将清偿推迟至资产负债表日后一年以上。但是，企业正常营业周期中的经营性负债项目即使在资产负债表日后超过一年才予清偿的，仍应划分为流动负债。经营性负债项目包括应付账款、应付职工薪酬等，这些项目属于企业正常营业周期中使用的营运资金的一部分。关于可转换工具负债成分的分类还需要注意的是，负债在其对手方选择的情况下可通过发行权益进行清偿的条款与在资产负债表日负债的流动性划分无关。

此外，企业在判断负债的流动性划分时，对于资产负债表日后事项的有关影响需要特别加以考虑。总的判断原则是，企业在资产负债表上对债务流动和非流动的划分，应当反映在资产负债表日有效的合同安排，考虑在资产负债表日起一年内企业是否必须无条件清偿，而资产负债表日之后（即使是财务报告批准报出日前）的再融资、展期或提供宽限期等行为，与资产负债表日判断负债的流动性状况无关。

具体而言：（1）对于在资产负债表日起一年内到期的负债，企业有意图且有能力自主地将清偿义务展期至资产负债表日后一年以上的，应当归类为非流动负债；不能自主地将清偿义务展期的，即使在资产负债表日后、财务报告批准报出日前签订了重新安排清偿计划协议，该项负债在资产负债表日仍应当归类为流动负债。（2）企业在资产负债表日或之前违反了长期借款协议，导致贷款人可随时要求清偿的负债，应当归类为流动负债。但是，如果贷款人在资产负债表日或之前同意提供在资产负债表日后一年以上的宽限期，在此期限内企业能够改正违约行为，且贷款人不能要求随时清偿的，在资产负债表日的此项负债并不符合流动负债的判断标准，应当归类为非流动负债。企业的其他长期负债存在类似情况的，应当比照上述规定进行处理。

右方负债和所有者权益两项按权益的顺序进行排列，因为负债相对于所有者权益而言，具有优先清偿的特征，所以列在所有者权益之前。负债内部的各项目按照偿还期限由短到长排列，偿还期越近的项目越往前排，先列流动负债，后列长期负债；所有者权益内部各项目按其使用期即稳定程度依次排列，稳定性程度强的项目排在前面，反之，排在后面，具体排列顺序为：实收资本、资本公积、盈余公积、未分配利润。

下面表6-3是资产负债表的格式：

表6-3　资产负债表

编制单位：＿＿＿＿＿＿＿＿　　　　＿＿年＿＿月＿＿日　　　　　　　　　单位：元

资产	期末余额	年初余额	负债和所有者权益（或股东权益）	期末余额	年初余额
流动资产：			流动负债：		
货币资金			短期借款		
交易性金融资产			交易性金融负债		
衍生金融资产			衍生金融负债		
应收票据及应收账款			应付票据及应付账款		
预付款项			预收款项		
其他应收款			合同负债		
存货			应付职工薪酬		
合同资产			应交税费		
持有待售资产			其他应付款		
一年内到期的非流动资产			持有待售负债		
其他流动资产			一年内到期的非流动负债		
流动资产合计			其他流动负债		
非流动资产：			流动负债合计		
债权投资			非流动负债：		
其他债券投资			长期借款		
长期应收款			应付债券		
长期股权投资			其中：优先股		
其他权益工具投资			永续债		
其他非流动金融资产			长期应付款		
投资性房地产			预计负债		
固定资产			递延收益		
在建工程			递延所得税负债		

资产	期末余额	年初余额	负债和所有者权益（或股东权益）	期末余额	年初余额
生产性生物资产			其他非流动负债		
油气资产			非流动负债合计		
无形资产			负债合计		
开发支出			所有者权益（或股东权益）：		
商誉			实收资本（或股本）		
长期待摊费用			其他权益工具		
递延所得税资产			其中：优先股		
其他非流动资产			永续债		
非流动资产合计			资本公积		
			减：库存股		
			其他综合收益		
			盈余公积		
			未分配利润		
			所有者权益（或股东权益）合计		
资产总计			负债和所有者权益（或股东权益）合计		

四、资产负债表的编制

（一）资产负债表项目的填列方法

资产负债表各项目均需填列"年初余额"和"期末余额"两栏。

资产负债表的"年初余额"栏内各项数字，应根据上年年末资产负债表的"期末余额"栏内所列数字填列。如果上年度资产负债表规定的各个项目的名称和内容与本年度不相一致，应按照本年度的规定对上年年末资产负债表各项目的名称和数字进行调整，填入本表"年初余额"栏内。

资产负债表的"期末余额"栏主要有以下几种填列方法：

1. 根据总账科目余额填列。如"短期借款""资本公积"等项目，根据"短期借款""资本公积"各总账科目的余额直接填列；有些项目则需根据几个总账科目的期末余额计算填列，如"货币资金"项目，需根据"库存现金""银行存款""其他货币资金"三个总账科目的期末余额的合计数填列。

2. 根据明细账科目余额计算填列。如"应付票据及应付账款"项目，需要根据"应付票据"科目的期末余额，以及"应付账款"和"预付账款"两个科目所属的相关明细科目的期末贷方余额计算填列；"应收票据及应收账款"项目，需要根据"应收票据"和"应收账款"科目的期末余额，减去"坏账准备"科目中相关坏账准备期末余额后的金额填列；"预付款项"项目，需要根据"应付账款"科目借方余额和"预付账款"科目借方余额减去与"预付账款"有关的坏账准备贷方余额计算填列；"预收款项"项目，需要根据"应收账款"科目贷方余额和"预收账款"科目贷方余额计算填列；"开发支出"项目，需要根据"研发支出"科目中所属的"资本化支出"明细科目期末余额计算填列；"应付职工薪"项目，需要根据"应付职工薪酬"科目的明细科目期末余额计算填列；"一年内到期的非流动资产""一年内到期的非流动负债"项目，需要根据有关非流动资产和非流动负债项目的明细科目余额计算填列；"未分配利润"项目，需要根据"利润分配"科目中所属的"未分配利润"明细科目期末余额填列。

3. 根据总账科目和明细账科目余额分析计算填列。如"长期借款"项目，需要根据"长期借款"总账科目余额扣除"长期借款"科目所属的明细科目中将在一年内到期且企业不能自主地将清偿义务展期的长期借款后的金额计算填列；"其他非流动资产"项目，应根据有关科目的期末余额减去将于一年内（含一年）收回数后的金额计算填列；"其他非流动负债"项目，应根据有关科目的期末余额减去将于一年内（含一年）到期偿还数后的金额计算填列。

4. 根据有关科目余额减去其备抵科目余额后的净额填列。如资产负债表中"应收票据及应收账款""长期股权投资""在建工程"等项目，应当根据"应收票据""应收账款""长期股权投资""在建工程"等科目的期末余额减去"坏账准备""长期股权投资减值准备""在建工程减值准备"等备抵科目余额后的净额填列。"投资性房地产""固定资产"项目，应当根据"投资性房地产""固定资产"科目的期末余额，减去"投资性房地产累计折旧""投资性房地产减值准备""累计折旧""固定资产减值准备"等备抵科目的期末余额，以及"固定资产清理"科目期末余额后的净额填列；"无形资产"项目，应当根据"无形资产"科目的期末余额，减去"累计摊销""无形资产减值准备"等备抵科目余额后的净额填列。

5. 综合运用上述填列方法分析填列。如资产负债表中的"存货"项目，需要根据"原材料""库存商品""委托加工物资""周转材料""材料采购""在途物资""发出商品""材料成本差异"等总账科目期末余额的分析汇总数，再减去"存货跌价准备"科目余额后的净额填列。

表6-4　资产负债表的填列方法

对应项目	填列方法	相关说明
年初余额	据上年末资产负债表"期末余额"栏内所列数字填列	如果本年度资产负债表规定的各个项目的名称和内容同上年度不相一致，应对上年年末资产负债表各项目的名称和数字按本年度的规定进行调整，按调整后的数字填入本表"年初余额"栏内
期末余额	直接根据总账科目的余额填列	交易性金融资产、固定资产清理、长期待摊费用、递延所得税资产、短期借款、交易性金融负债、应付票据、应付职工薪酬、应交税费、应付利息、应付股利、其他应付款、递延所得税负债、实收资本、资本公积、库存股、盈余公积等项目，应当根据相关总账科目的余额直接填列
	据几个总账科目的余额计算填列	"货币资金"项目，应当根据"库存现金"、"银行存款"、"其他货币资金"等科目期末余额合计填列
	据有关明细科目的余额计算填列	"应付账款"项目，应当根据"应付账款"、"预收账款"等科目所属明细科目期末贷方余额合计填列

对应项目	填列方法	相关说明
	据总账科目和明细科目的余额分析计算填列	"长期应收款"项目，应当根据"长期应收款"总账科目余额，减去"未实现融资收益"总账科目余额，再减去所属相关明细科目中将于一年内到期的部分填列；"长期借款"项目，应当根据"长期借款"总账科目余额扣除"长期借款"科目所属明细科目中将于一年内到期的部分填列；"应付债券"项目，应当根据"应付债券"总账科目余额扣除"应付债券"科目所属明细科目中将于一年内到期的部分填列；"长期应付款"项目，应当根据"长期应付款"总账科目余额，减去"未确认融资费用"总账科目余额，再减去所属相关明细科目中将于一年内到期的部分填列
	据总账科目与其备抵科目抵销后的净额填列	"存货"项目，应当根据"原材料"、"库存商品"、"发出商品"、"周转材料"等科目期末余额，减去"存货跌价准备"科目期末余额后的金额填列；"持有至到期投资"项目，应当根据"持有至到期投资"科目期末余额，减去"持有至到期投资减值准备"科目期末余额后的金额填列；"固定资产"项目，应当根据"固定资产"科目期末余额，减去"累计折旧"、"固定资产减值准备"等科目期末余额后的金额填列

（二）资产负债表项目的填列说明

资产负债表中资产、负债和所有者权益主要项目的填列说明如下：

1. 资产项目的填列说明

（1）"货币资金"项目，反映企业库存现金、银行结算户存款、外埠存款、银行汇票存款、银行本票存款、信用卡存款、信用证保证金存款等的合计数。本项目应根据"库存现金""银行存款""其他货币资金"科目期末余额的合计数填列。

【案例6-1】 "货币资金"项目期末余额的填列

2×18年12月31日，甲制造公司"库存现金"科目余额为0.1万元，"银行存款"科目余为100.9万元，"其他货币资金"科目余额为99万元，则2×18年12月31日，甲制造公司资产负债表中"货币资金"项目"期末余额"的列报金额＝0.1＋100.9＋99＝200（万元）。

（2）"交易性金融资产"项目，反映企业资产负债表日分类为以公允价值计量且其变动计入当期损益的金融资产，以及企业持有的直接指定为以公允价值计量且其变动计入当期损益的金融资产的期末账面价值。该项目应根据"交易性金融资产"科目的相关明细科目期末余额分析填列。自资产负债表日起超过一年到期且预期持有超过一年的以公允价值计量且其变动计入当期损益的非流动金融资产的期末账面价值，在"其他非流动金融资产"项目反映。

（3）"应收票据及应收账款"项目，反映资产负债表日以摊余成本计量的、企业因销售商品、提供服务等经营活动应收取的款项，以及收到的商业汇票，包括银行承兑汇票和商业承兑汇票。该项目应根据"应收票据"和"应收账款"科目的期末余额，减去"坏账准备"科目中相关坏账准备期末余额后的金额填列。

【案例6-2】 "应收票据及应收账款"项目期末余额的填列

2×18年12月31日，甲制造公司"应收票据"和"应收账款"科目的余额为1 300万元；"坏账准备"科目中有关应收票据及应收账款计提的坏账准备余额为45万元，则2×18年12月31日，甲制造公司资产负债表中"应收票据及应收账款"项目"期末余额"的列报金额＝1 300－45＝1 255（万元）。

（4）"预付款项"项目，反映企业按照购货合同规定预付给供应单位的款项等。本项目应根据"预付账款"和"应付账款"科目所属各明细科目的期末借方余额合计数，减去"坏账准备"科目中有关预付账款计提的坏账准备期末余额后的净额填列。如"预付账款"科目所属明细科目期末有贷方余额的，应在资产负债表"应付票据及应付账款"项目内填列。

（5）"其他应收款"项目，反映企业除应收票据及应收账款、预付账款等经营活动以外的其他各种应收、暂付的款项。本项目应根据"应收利息""应收股利""其他应收款"科目的期末余额合计数，减去"坏账准备"科目中相关坏账准备期末余额后的金额填列。

（6）"存货"项目，反映企业期末在库、在途和在加工中的各种存货的可变现净值或成本（成本与可变现净值孰低）。存货包括各种材料、商品、在产品、半成品、包装物、低值易耗品、委托代销商品等。本项目应根据"材料采购""原材料""低值易耗品""库存商品""周转材料""委托加工物资""委托代销商品""生产成本""受托代销商品"等科目的期末余额合计数，减去"受托代销商品款""存货跌价准备"科目期末余额后的净额填列。材料采用计划成本核算，以及库存商品采用计划成本核算或售价核算的企业，还应按加或减材料成本差异、商品进销差价后的金额填列。

【案例6-3】"存货"项目期末余额的填列

2×18年12月31日，甲制造公司有关科目余额如下："发出商品"科目借方余额为800万元，"生产成本"科目借方余额为300万元，"原材料"科目借方余额为100万元，"委托加工物资"科目借方余额为200万元，"材料成本差异"科目的贷方余额为25万元，"存货跌价准备"科目贷方余额为100万元，"受托代销商品"科目借方余额400万元，"受托代销商品款"科目贷方余额为400万元，则2×18年12月31日，甲制造公司资产负债表中"存货"项目"期末余额"的列报金额 ＝800＋300＋100＋200－25－100＋400－400＝1 275（万元）。

（7）"合同资产"项目应根据"合同资产"科目的相关明细科目期末余额分析填列。

（8）"持有待售资产"项目，反映资产负债表日划分为持有待售类别的非流动资产及划分为持有待售类别的处置组中的流动资产和非流动资产的期末账面价值。该项目应根据"持有待售资产"科目的期末余额，减去"持有待售资产减值准备"科目的期末余额后的金额填列。

【案例 6-4】"持有待售资产"项目期末余额的填列

甲制造公司计划出信一项固定资产，该固定资产于 2×18 年 6 月 30 日被划分为持有待售固定资产，其账面价值为 315 万元，从划归为持有待售的下个月起停止计提折旧，不考成其他因素，则 2×18 年 6 月 30 日，甲公司资产负债表中"持有待售资产"项目"期末余额"的列报金额为 315 万元。

（9）"一年内到期的非流动资产"项目，反映企业将于一年内到期的非流动资产项目金额。本项目应根据有关科目的期末余额分析填列

（10）"债权投资"项目，反映资产负债表日企业以摊余成本计量的长期债权投资的期末账面价值。该项目应根据"债权投资"科目的相关明细科目期末余额，减去"债权投资减值准备"科目中相关减值准备的期末余额后的金额分析填列。自资产负债表日起年内到期的长期债权投资的期末账面价值，在"一年内到期的非流动资产"项目反映。企业购入的以摊余成本计量的一年内到期的债权投资的期末账面价值，在"其他流动资产"项目反映。

（11）"其他债权投资"项目，反映资产负债表日企业分类为以公允价值计量且其变动计人其他综合收益的长期债权投资的期末账面价值。该项目应根据"其他债权投资科目的相关明细科目期末余额分析填列。自资产负债表日起一年内到期的长期债权投资的期末账面价值，在"一年内到期的非流动资产"项目反映。企业购入的以公允价值计量且其变动计入其他综合收益的一年内到期的债权投资的期末账面价值，在"其他流动资产"项目反映。

（12）"长期应收款"项目，反映企业融资租赁产生的应收款项和采用递延方式分期收款、实质上具有融资性质的销售商品和提供劳务等经营活动产生的应收款项。本项目应根据"长期应收款"科目的期末余额，减去相应的"未实现融资收益"科目和"坏账准备"科目所属相关明细科目期末余额后的金额填列。

（13）"长期股权投资"项目，反映投资方对被投资单位实施控制、重大影响的权益性投资，以及对其合营企业的权益性投资。本项目应根据"长期股权投资"科目的期末余额，减去"长期股权投资减值准备"科目的期末余额后的净额填列。

（14）"其他权益工具投资"项目，反映资产负债表日企业指定为以公允价值计量且其变动计入其他综合收益的非交易性权益工具投资的期末账面价值。该项目应根据"其他权益工具投资"科目的期末余额填列。

（15）"固定资产"项目，反映资产负债表日企业固定资产的期末账面价值和企业尚未清理完毕的固定资产清理净损益。该项目应根据"固定资产"科目的期末余额，减去"累计折旧"和"固定资产减值准备"科目的期末余额后的金额，以及"固定资产清理"科目的期末余额填列。

【案例6-5】 "固定资产"项目期末余额的填列

2×18年12月31日，甲制造公司"固定资产"科目借方余额为5 000万元，"累计折旧"科目贷方余额为2 000万元，"固定资产减值准备"科目贷方余额为500万元，"固定资产清理"科目贷方余额为500万元，则2×18年12月31日，甲制造公司资产负债表中"固定资产"项目"期末余额"的列报金额 = 5 000 - 2 000 - 500 - 500 = 3 000（万元）。

（16）"在建工程"项目，反映资产负债表日企业尚未达到预定可使用状态的在建工程的期末账面价值和企业为在建工程准备的各种物资的期末账面价值。该项目应根据"在建工程"科目的期末余额，减去"在建工程减值准备"科目的期末余额后的金额，以及"工程物资"科目的期末余额，减去"工程物资减值准备"科目的期末余额后的金额填列。

（17）"无形资产"项目，反映企业持有的专利权、非专利技术、商标权、著作权、土地使用权等无形资产的成本减去累计摊销和减值准备后的净值。本项目应根据"无形资产"科目的期末余额，减去"累计摊销"和"无形资产减值准备"科目期末余额后的净额填列。

【案例6-6】"无形资产"项目期末余额的填列

2×18年12月31日，甲制造公司"无形资产"科目借方余额为800万元，"累计摊销"科目贷方余额为200万元，"无形产减值准备"科目贷方余额为100万元，则2×18年12月31日，甲制造公司资产负债表中"无形资产"项目"期末余额"的列报金额 = 800 − 200 − 100 = 500（万元）。

（18）"开发支出"项目，反映企业开发无形资产过程中能够资本化形成无形资产成本的支出部分。本项目应当根据"研发支出"科目中所属的"资本化支出"明细科目期末余额填列。

（19）"长期待摊费用"项目，反映企业已经发生但应由本期和以后各期负担的分摊期限在一年以上的各项费用。长期待摊费用中在一年内（含一年）推销的部分，在资产负债表"一年内到期的非流动资产"项目填列。本项目应根据"长期待摊费用"科目的期末余额，减去将于一年内（含一年）摊销的数额后的金额分析填列。

（20）"递延所得税资产"项目，反映企业根据所得税准则确认的可抵扣暂时性差异产生的所得税资产。本项目应根据"递延所得税资产"科目的期末余额填列。

（21）"其他非流动资产"项目，反映企业除上述非流动资产以外的其他非流动资产。本项目应根据有关科目的期末余额填列。

2. 负债项目的填列说明

（1）"短期借款"项目，反映企业向银行或其他金融机构等借入的期限在一年以下（含一年）的各种借款。本项目应根据"短期借款"科目的期末余额填列。

【案例6-7】"短期借款"项目期末余额的填列

2×18年12月31日，甲制造公司"短期借款"科目的余额如下所示：银行质押借款10万元，信用借款40万元，则2×18年12月31日，甲制造公司资产负债表中"短期借款"项目"期末余额"的列报金额 = 10 + 40 = 50（万元）。

（2）"交易性金融负债"项目，反映企业资产负债表日承担的交易性金融负债，以及企业持有的直接指定为以公允价值计量且其变动计入当期损益的金融负债的期末账面价值。该项目应根据"交易性金融负债"科目的相关明细科目期末余额填列。

（3）"应付票据及应付账款"项目，反映资产负债表日企业因购买材料、商品和接受服务等经营活动应支付的款项，以及开出、承兑的商业汇票，包括银行承兑汇票和商业承兑汇票。该项目应根据"应付票据"科目的期末余额，以及"应付账款"和"预付账款"科目所属的相关明细科目的期末贷方余额合计数填列。

【案例6-8】 "应付票据及应付账款"项目期末余额的填列

2×18年12月31日，甲制造公司"应付票据"和"应付账款"科目的余知下所示：5万元的应付账款，25万元的银行承兑汇票，5万元的商业承兑汇票，则2×18年12月31日，甲制造公司资产负债表中"应付票据及应付账款"项目"期末余额"的列报金额 = 5 + 25 + 5 = 35（万元）。

（4）"预收款项"项目，反映企业按照购货合同规定预收供应单位的款项。本项目应根据"预收账款"和"应收账款"科目所属各明细科目的期末贷方余额合计数填列。如"预收账款"科目所属明细科目期末有借方余额的，应在资产负债表"应收票据及应收账款"项目内填列。

（5）"合同负债"项目，反映企业按照《企业会计准则第14号——收入》（2017年修订）的相关规定，根据本企业履行履约义务与客户付款之间的关系在资产负债表中列示合同负债。"合同负债"项目应根据"合同负债"的相关明细科目期末余额分析填列。

（6）"应付职工薪酬"项目，反映企业为获得职工提供的服务或解除劳动关系而给予的各种形式的报酬或补偿。企业提供给职工配偶、子女、受赡养人、已故员工遗属及其他受益人等的福利，也属于职工薪酬。职工薪酬主要包括短期薪酬、离职后福利、辞退福利和其他长期职工福利。本项目应根据"应付职工薪酬"科目所属各明细科目的期末贷方余额分析填列。外商投资企业按规定从净利润中提取的职工奖励及福利基金，也在本项目列示。

【案例6-9】"应付职工薪酬"项目期末余额的填列

2×18年12月31日，甲制造公司"应付职工薪酬"科目显示，所欠的薪酬项目包括：工资、奖金、津贴和补贴70万元，社会保险费（含医疗保险、工伤保险、生育保险）5万元，设定提存计划（含基本养老保险费）2.5万元，住房公积金2万元，工会经费和职工教育经费0.5万元，则2×18年12月31日，甲制造公司资产负债表中"应付职工薪酬"项目"期末余额"的列报金额=70+5+2.5+2+0.5=80（万元）。

（7）"应交税费"项目，反映企业按照税法规定计算应交纳的各种税费，包括增值税、消费税、城市维护建设税、教育费附加、企业所得税、资源税、土地增值税、房产税、城镇土地使用税、车船税、矿产资源补偿费等。企业代扣代缴的个人所得税，也通过本项目列示。企业所交纳的税金不需要预计应交数的，如印花税、耕地占用税等，不在本项目列示。本项目应根据"应交税费"科目的期末贷方余额填列，如"应交税费"科目期末为借方余额，应以"－"号填列。需要说明的是，"应交税费"科目下的"应交增值税""未交增值税""待抵扣进项税额""待认证进项税额""增值税留抵税额等明细科目期末借方余额应根据情况，在资产负债表中的"其他流动资产"或"其他非流动资产"项目列示；"应交税费——待转销项税额"等科目期末贷方余额应根据情况，在资产负债表中的"其他流动负债"或"其他非流动负债"项目列示；"应交税费"科目下的"未交增值税""简易计税""转让金融商品应交增值税""代扣代交增值税"等科目期末贷方余额应在资产负债表中的"应交税费"项目列示。

（8）"其他应付款"项目，反映企业除应付票据、应付账款、预收账款、应付职工薪酬、应交税费等经营活动以外的其他各项应付、暂收的款项。本项目应根据"应付利息""应付股利""其他应付款"科目的期末余额合计数填列。

（9）"持有待售负债"项目，反映资产负债表日处置组中与划分为持有待售类别的资产直接相关的负债的期末账面价值。本项目应根据"持有待售负债"科目的期末余额填列。

（10）"一年内到期的非流动负债"项目，反映企业非流动负债中将于资产负债表日后一年内到期部分的金额，如将于一年内偿还的长期借款。本项目应根据有关科目的期末余额分析填列。

（11）"长期借款"项目，反映企业向银行或其他金融机构借入的期限在一年以上（不含一年）的各项借款。本项目应根据"长期借款"科目的期末余额，扣除"长期借款"科目所属的明细科目中将在资产负债表日起一年内到期且企业不能自主地将清偿义务展期的长期借款后的金额计算填列。

【案例6-10】"长期借款"和"一年内到期的非流动负债"项目期末余额的填列

2×18年12月31日，甲制造公司"长期借款"科目余额为155万元，其中从银行借入的5万元借款将于一年内到期，甲制造公司不具有自主展期清偿的权利，则甲制造公司2×18年12月31日资产负债表中"长期借款"项目"期末余额"的列报金额＝155－5＝150（万元），"一年内到期的非流动负债"项目"期末余额"的列报金额为5万元。

（12）"应付债券"项目，反映企业为筹集长期资金而发行的债券本金（和利息）。本项目应根据"应付债券"科目的期末余额分析填列。

（13）"长期应付款"项目，反映除了长期借款和应付债券以外的其他各种长期应付款。主要有应付补偿贸易引进设备款、采用分期付款方式购入固定资产和无形资产发生的应付账款、应付融资租入固定资产租赁费等。本项目应根据"长期应付款"科目的期末余额，减去相关的"未确认融资费用"科目的期末余额后的金额，以及"专项应付款"科目的期末余额，再减去所属相关明细科目中将于一年内到期的部分后的金额填列。

（14）"预计负债"项目，反映企业根据或有事项等相关准则确认的各项预计负债包括对外提供担保、未决诉讼、产品质量保证、重组义务以及固定资产和矿区权益弃置义务等产生的预计负债。本项目应根据"预计负债"科目的期末余额填列。

（15）"递延收益"项目，反映尚待确认的收入或收益。本项目核算包括企业根据政府补助准则确认的应在以后期间计入当期损益的政府补助金额、售后租回形成融资租赁的售价与资产账面价值差额等其他递延性收入。本项目应根据"递延收益"科目的期末余额填列。

（16）"递延所得税负债"项目，反映企业根据所得税准则确认的应纳税暂时性差异产生的所得税负债。本项目应根据"递延所得税负债"科目的期末余额填列。

（17）"其他非流动负债"项目，反映企业除以上非流动负债以外的其他非流动负债。本项目应根据有关科目期末余额，减去将于一年内（含一年）到期偿还数后的余额分析填列。非流动负债各项目中将于一年内（含一年）到期的非流动负债，应在"一年内到期的非流动负债"项目内反映。

3. 所有者权益项目的填列说明

（1）"实收资本（或股本）"项目，反映企业各投资者实际投入的资本（或股本）总额。本项目应根据"实收资本（或股本）"科目的期末余额填列。

【案例6-11】"实收资本（或股本）"项目期末余额的填列

甲制造公司是由A公司于2×02年3月1日注册成立的有限责任公司，注册资本为人民币5 000万元，A公司以货币资金人民币5 000万元出资，占注册资本的100%持有甲公司100%的权益。上述实收资本已于2000年3月1日经相关会计师事务所出具的验资报告验证。该资本投入自2×02年以来至2×18年末从未发生过变动，则2×18年12月31日，甲公司资产负债表中"实收资本"项目"期末余额"的列报金额为5 000万元。

（2）"其他权益工具"项目，反映企业发行的除普通股以外分类为权益工具的金融工具的账面价值，并下设"优先股"和"永续债"两个项目，分别反映企业发行的分类为权益工具的优先股和永续债的账面价值。

（3）"资本公积"项目，反映企业收到投资者出资超出其在注册资本或股本中所占的份额以及直接计入所有者权益的利得和损失等。本项目应根据"资本公积"科目的期末余额填列。

（4）"其他综合收益"项目，反映企业其他综合收益的期末余额。本项目应根据"其他综合收益"科目的期末余额填列。

（5）"盈余公积"项目，反映企业盈余公积的期末余额。本项目应根据"盈余公积"科目的期末余额填列。

（6）"未分配利润"项目，反映企业尚未分配的利润。未分配利润是指企业实现的净利润经过弥补亏损、提取盈余公积和向投资者分配利润后留存在企业的、历年结存的利润。本项目应根据"本年利润"科目和"利润分配"科目的余额计算填列。未弥补的亏损在本项目内以"－"号填列。

【案例6-12】 甲公司资产负债表的编制

承【案例6-1】至【案例6-11】，甲公司编制的2×18年12月31日的资产负债表如表6-5所示。

表6-5 资产负债表

会企01表

编制单位：甲公司　　　　　　　　2×18年12月31日　　　　　　　　单位：元

资产	期末余额	年初余额	负债和所有者权益（或股东权益）	期末余额	年初余额
流动资产：			流动负债：		
货币资金	2 000 000		短期借款	500 000	
交易性金融资产			交易性金融负债		
衍生金融资产			衍生金融负债		
应收票据及应收账款	12 550 000		应付票据及应付账款	350 000	
预付款项			预收款项		

（续表）

资产	期末余额	年初余额	负债和所有者权益（或股东权益）	期末余额	年初余额
其他应收款			合同负债		
存货	12 750 000		应付职工薪酬	800 000	
合同资产			应交税费		
持有待售资产			其他应付款		
一年内到期的非流动资产			持有待售负债		
其他流动资产			一年内到期的非流动负债	50 000	
流动资产合计	27 300 000		其他流动负债		
非流动资产：			流动负债合计	1 700 000	
债权投资			非流动负债：		
其他债券投资			长期借款	1 500 000	
长期应收款			应付债券		
长期股权投资			其中：优先股		
其他权益工具投资			永续债		
其他非流动金融资产			长期应付款		
投资性房地产			预计负债		
固定资产	20 000 000		递延收益		
在建工程	900 000		递延所得税负债		
生产性生物资产			其他非流动负债		
油气资产			非流动负债合计	1 500 000	
无形资产	5 000 000		负债合计	3 200 000	
开发支出			所有者权益（或股东权益）：		
商誉			实收资本（或股本）	50 000 000	
长期待摊费用			其他权益工具		

（续表）

资产	期末余额	年初余额	负债和所有者权益（或股东权益）	期末余额	年初余额
递延所得税资产			其中：优先股		
其他非流动资产			永续债		
非流动资产合计	25 900 000		资本公积		
			减：库存股		
			其他综合收益		
			盈余公积		
			未分配利润		
			所有者权益（或股东权益）合计	50 000 000	
资产总计	53 200 000		负债和所有者权益（或股东权益）合计	53 200 000	

第三节　利润表及其填列

一、利润表概述

利润表又称损益表，是反映工业企业一定会计期间经营成果的会计报表。通过编制损益表可以了解企业收入、成本和费用及利润（亏损）的实现及其构成情况，了解投入资本的回报能力，为投资者和债权人评价企业的获利能力和偿债能力提供依据。因此，与资产负债表作用一样，是企业的主要会计报表之一。

通过利润表，可以反映企业在一定会计期间收入、费用、利润（或亏损）的金额和构成情况，帮助财务报表使用者全面了解企业的经营成果，分析企业的获利能力及盈利增长趋势，从而为其做出经济决策提供依据。

利润表包括的项目主要有营业收入、营业成本、税金及附加、销售费用、管理费用、研发费用、财务费用、资产减值损失、其他收益、投资收益、公允价值变动收益、资产处置收益、营业利润、营业外收入、营业外支出、利润总额、所得税费用、净利润、其他综合收益的税后净额、综合收益总额、每股收益等。

二、利润表的结构

利润表的结构有单步式和多步式两种。单步式利润表是将当期所有的收入列在一起，所有的费用列在一起，然后将两者相减得出当期净损益。我国企业的利润表采用多步式格式，即通过对当期的收入、费用、支出项目按性质加以归类，按利润形成的主要环节列示一些中间性利润指标，分步计算当期净损益，以便财务报表使用者理解企业经营成果的不同来源。

利润表一般由表头、表体两部分组成。表头部分应列明报表名称、编制单位名称、编制日期、报表编号和计量单位。表体部分是利润表的主体，列示了形成经营成果的各个项目和计算过程。

为了使财务报表使用者通过比较不同期间利润的实现情况，判断企业经营成果的未来发展趋势，企业需要提供比较利润表。为此，利润表还需就各项目再分为"本期金额"和"上期金额"两栏分布填列。我国企业利润表的格式一般如表6-6所示。

表6-6　利润表

会企02表

编制单位：　　　　　　　　　　　　年　　月　　　　　　　　　　单位：元

项　　目	本期金额	上期金额
一、营业收入		
减：营业成本		
税金及附加		

（续表）

项　　目	本期金额	上期金额
销售费用		
管理费用		
研发费用		
财务费用		
其中：利息费用		
利息收入		
资产减值损失		
信用减值损失		
加：其他收益		
投资收益（损失以"－"号填列）		
其中：对联营企业和合营企业的投资收益		
公允价值变动收益（损失以"－"号填列）		
资产处置收益（损失以"－"号填列）		
二、营业利润（亏损以"－"号填列）		
加：营业外收入		
减：营业外支出		
三、利润总额（亏损总额以"－"号填列）		
减：所得税费用		
四、净利润（净亏损以"－"号填列）		
五、其他综合收益的税后净额		
（一）不能重分类进损益的其他综合收益		
1. 重新计量设定受益计划变动额		
2. 权益法下不能转损益的其他综合收益		
3. 其他权益工具投资公允价值变动		
4. 企业自身信用风险公允价值变动		
……		
（二）将重分类进损益的其他综合收益		

（续表）

项　目	本期金额	上期金额
1. 权益法下可转损益的其他综合收益		
2. 其他债权投资公允价值变动		
3. 金融资产重分类计入其他综合收益的金额		
4. 其他债权投资信用减值准备		
5. 现金流量套期		
6. 外币财务报表折算差额		
……		
六、综合收益总额		
七、每股收益		
（一）基本每股收益		
（二）稀释每股收益		

三、利润表的编制

利润表编制的原理是"收入－费用＝利润"的会计平衡公式和收入与费用的配比原则。企业在生产经营中不断地取得各项收入，同时发生各种费用，收入减去费用，剩余的部分就是企业的盈利。取得的收入和发生的相关费用的对比情况就是企业的经营成果。如果企业经营不当，发生的生产经营费用超过取得的收入，企业就发生了亏损；反之企业就能取得一定的利润。企业将经营成果的核算过程和结果编制成报表，就形成了利润表。

（一）利润表项目的填列方法

我国企业利润表的主要编制步骤和内容如下：

第一步，以营业收入为基础，减去营业成本、税金及附加、销售费用、管理费用、研发费用、财务费用、资产减值损失、信用减值损失，加上其他收益、投资收益（或减去投资损失）、公允价值变动收益（或减去公允价值变动损失）、资产处置收益（或减去资产处置损失），计算出营业利润。

第二步，以营业利润为基础，加上营业外收入，减去营业外支出，计算出利润总额。

第三步，以利润总额为基础，减去所得税费用，即计算出净利润（或净亏损）。

第四步，以净利润（或净亏损）为基础，计算出每股收益。

第五步，以净利润（或净亏损）和其他综合收益为基础，计算出综合收益总额。

利润表各项目均需填列"本期金额"和"上期金额"两栏。其中"上期金额"栏内各项数字，应根据上年该期利润表的"本期金额"栏内所列数字填列。"本期金额"栏内各期数字，除"基本每股收益"和"稀释每股收益"项目外，应当按照相关科目的发生额分析填列。如"营业收入"项目，根据"主营业务收入""其他业务收入"科目的发生额分析计算填列；"营业成本"项目，根据"主营业务成本""其他业务成本"科目的发生额分析计算填列。

（二）利润表项目的填列说明

1. "营业收入"项目，反映企业经营主要业务和其他业务所确认的收入总额。本项目应根据"主营业务收入"和"其他业务收入"科目的发生额分析填列。

【案例6-13】"营业收入"项目本期金额的填列

乙制造公司为工业企业，其经营范围包括制售电子产品等。乙制造公司2×18年度"主营业务收入"科目发生额明细如下所示：电子产品销售收入合计8 000万元，电子元件销售收入合计1 400万元；"其他业务收入"科目发生金额合计600万元，则乙制造公司2×18年度利润表中"营业收入"项目"本期金额"的列报金额＝8 000＋1 400＋600＝10 000（万元）。

2. "营业成本"项目反映企业经营主要业务和其他业务所发生的成

本总额。本项目应根据"主营业务成本"和"其他业务成本"科目的发生额分析填列。

> **【案例6-14】** "营业成本"项目本期金额的填列
>
> 乙制造公司2×18年度"主营业务成本"科目发生合计7 500万元、"其他业务成本"科目发生额合计500万元,则乙制造公司2×18年度利润表中"营业成本"项目"本期金额"的列报金额 = 7 500 + 500 = 8 000(万元)。

3. "税金及附加"项目,反映企业经营业务应负担的消费税、城市维护建设税、教育费附加、资源税、土地增值税及房产税、车船税、城镇土地使用税、印花税等相关税费。本项目应根据"税金及附加"科目的发生额分析填列。

> **【案例6-15】** "税金及附加"项目本期金额的填列
>
> 乙制造公司2×18年度"应交税费——应交增值税"明细科目的发生如下所示:增值税销项合计1 700万元,进项税合计700万元;"税金及附加"科目的发生如下所示:城市维护建设税合计50万元,教育费附加合计30万元,房产税合计400万元,城镇土地使用税合计20万元,则乙制造公司2×18年度利润表中"税金及附加"项目"本期金额"的列报全额 = 50 + 30 + 400 + 20 = 500(万元)。

4. "销售费用"项目,反映企业在销售商品过程中发生的包装费、广告费等费用和为销售本企业商品而专设的销售机构的职工薪酬、业务费等经营费用。本项目应根据"销售费用"科目的发生额分析填列。

5. "管理费用"项目,反映企业为组织和管理生产经营发生的管理费用。本项目应根据"管理费用"科目的发生额分析填列。

6. "研发费用"项目,反映企业进行研究与开发过程中发生的费用化支出。该项目应根据"管理费用"科目下的"研发费用"明细科目的发生额分析填列。

7. "财务费用"项目，反映企业为筹集生产经营所需资金等而发生的筹资费用。本项目应根据"财务费用"科目的发生额分析填列。"其中：利息费用"项目，反映企业为筹集生产经营所需资金等而发生的应予费用化的利息支出，该项目应根据"财务费用"科目的相关明细科目的发生额分析填列。"利息收入"项目，反映企业确认的利息收入，该项目应根据"财务费用"科目的相关明细科目的发生额分析填列。

【案例6-16】 "财务费用"项目本期金额的填列

乙制造公司2×18年度"财务费用"科目的发生额如下所示：银行长期借款利息支出合计1 000万元，银行短期借款利息支出90万元，银行存款利息收入合计8万元，银行手续费支出合计18万元，则乙制造公司2×18年度利润表中"财务费用"项目"本期金额"的列报金额 = 1 000 + 90 − 8 + 18 = 1 100（万元）。

8. "资产减值损失"项目，反映企业各项资产发生的减值损失。本项目应根据"资产减值损失"科目的发生额分析填列。

【案例6-17】 "资产减值损失"项目本期金额的填列

乙制造公司2×18年度"资产减值损失"科目的发生额如下所示：存货减值损失合计85万元，坏账损失合计15万元，固定资产减值损失合计174万元，无形资产减值损失合计26万元，则乙制造公司2×18年度利润表中"资产减值损失"项目"本期金额"的列报金额 = 85 + 15 + 174 + 26 = 300（万元）。

9. "信用减值损失"项目，反映企业计提的各项金融工具减值准备所形成的预期信用损失。该项目应根据"信用减值损失"科目的发生额分析填列。

10. "其他收益"项目，反映计入其他收益的政府补助等。本项目应根据"其他收益"科目的发生额分析填列。

11. "投资收益"项目，反映企业以各种方式对外投资所取得的收益。本项目应根据"投资收益"科目的发生额分析填列。如为投资损失，本项目以"－"号填列。

【案例6-18】 "投资收益"项目本期金额的填列

乙制造公司2×18年度"投资收益"科目的发生额如下所示：按权益法核算的长期股权投资收益合计290万元，按成本法核算的长期股权投资收益合计200万元，处置长期股权投资发生的投资损失合计500万元，则乙制造公司2×18年度利润表中"投资收益"项目"本期金额"的列报金额＝290＋200－500＝－10（万元）。

12. "公允价值变动收益"项目，反映企业应当计入当期损益的资产或负债公允价值变动收益。本项目应根据"公允价值变动损益"科目的发生额分析填列，如为净损失本项目以"－"号填列。

13. "资产处置收益"项目，反映企业出售划分为持有待售的非流动资产（金融工具、长期股权投资和投资性房地产除外）或处置组（子公司和业务除外）时确认的处置利得或损失，以及处置未划分为持有待售的固定资产、在建工程、生产性生物资产及无形资产而产生的处置利得或损失。债务重组中因处置非流动资产产生的利得或损失、非货币性资产交换中换出非流动资产产生的利得或损失也包括在本项目内。本项目应根据"资产处置损益"科目的发生额分析填列；如为处置损失，以"－"号填列。

14. "营业利润"项目，反映企业实现的营业利润。如为亏损，以"－"号填列。

15. "营业外收入"项目，反映企业发生的除营业利润以外的收益，主要包括债务重组利得、与企业日常活动无关的政府补助、盘盈利得、捐赠利得（企业接受股东或股东的子公司直接或间接的捐赠，经济实质属于股东对企业的资本性投入的除外）等。本项目应根据"营业外收入"科目的发生额分析填列。

【案例6-19】 "营业外收入"项目本期金额的填列

乙制造公司2×18年度"营业外收入"科目的发生额如下所示：债务重组利得50万元，固定资产盘盈利得合计20万元，则乙制造公司2×18年度利润表中"营业外收入"项目"本期金额"的列报金额 = 50 + 20 = 70（万元）。

16. "营业外支出"项目，反映企业发生的与经营业务无直接关系的各项支出，主要包括债务重组损失、公益性捐赠支出、非常损失、盘亏损失、非流动资产毁损报废损失等。本项目应根据"营业外支出"科目的发生额分析填列。

【案例6-20】 "营业外支出"项目本期金额的填列

乙制造公司2×18年度"营业外支出"科目的发生额如下所示：固定资产盘亏损失14万元，罚没支出合计10万元，捐赠支出合计4万元，其他营业外支出2万元，则乙制造公司2×18年度利润表中"营业外支出"项目"本期金额"的列报金额 = 14 + 10 + 4 + 2 = 30（万元）。

17. "利润总额"项目，反映企业实现的利润。如为亏损，以"－"号填列。

18. "所得税费用"项目，反映企业应从当期利润总额中扣除的所得税费用。本项目应根据"所得税费用"科目的发生额分析填列。

【案例6-21】 "所得税费用"本期金额的填列

乙制造公司2×18年度"所得税费用"科目的发生额合计36万元，则乙制造公司2×18年度利润表中"所得税费用"项目"本期金额"的列报金额为36万元。

19. "净利润"项目，反映企业实现的净利润。如为亏损，以"－"号填列。

20. "其他综合收益的税后净额"项目，反映企业根据企业会计准则规定未在损益中确认的各项利得和损失扣除所得税影响后的净额。

21. "综合收益总额"项目，反映企业净利润与其他综合收益（税后净额）的合计金额。

22. "每股收益"项目，包括基本每股收益和稀释每股收益两项指标，反映普通股或潜在普通股已公开交易的企业，以及正处在公开发行普通股或潜在普通股过程中的企业的每股收益信息。

【案例6-22】　乙公司利润表的编制

承【案例6-13】至【案例6-21】，乙制造公司编制的2×18年度利润表如表6-7所示。

表6-7　利润表

会企02表

编制单位：　　　　　　　　　　　2×18年　　　　　　　　　　　单位：元

项　　目	本期金额	上期金额
一、营业收入	100 000 000	
减：营业成本	80 000 000	
税金及附加	5 000 000	
销售费用		
管理费用		
研发费用		
财务费用	11 000 000	
其中：利息费用	10 900 000	
利息收入	−80 000	
资产减值损失	3 000 000	
信用减值损失		
加：其他收益		
投资收益（损失以"－"号填列）	−100 000	
其中：对联营企业和合营企业的投资收益	2 900 000	
公允价值变动收益（损失以"－"号填列）		

（续表）

项　目	本期金额	上期金额
资产处置收益（损失以"－"号填列）		
二、营业利润（亏损以"－"号填列）	900 000	
加：营业外收入	700 000	
减：营业外支出	300 000	
三、利润总额（亏损总额以"－"号填列）	1 300 000	
减：所得税费用	360 000	
四、净利润（净亏损以"－"号填列）	940 000	
五、其他综合收益的税后净额		
（一）不能重分类进损益的其他综合收益		
1. 重新计量设定受益计划变动额		
2. 权益法下不能转损益的其他综合收益		
3. 其他权益工具投资公允价值变动		
4. 企业自身信用风险公允价值变动		
……		
（二）将重分类进损益的其他综合收益		
1. 权益法下可转损益的其他综合收益		
2. 其他债权投资公允价值变动		
3. 金融资产重分类计入其他综合收益的金额		
4. 其他债权投资信用减值准备		
5. 现金流量套期		
6. 外币财务报表折算差额		
……		
六、综合收益总额	940 000	
七、每股收益		
（一）基本每股收益		
（二）稀释每股收益		

第四节　现金流量表及其填列

一、现金流量表的内容及结构

（一）现金流量表的内容

现金流量表，是指反映工业企业在一定会计期间现金和现金等价物流入和流出的报表。从编制原则上看，现金流量表按照收付实现制原则编制，将权责发生制下的盈利信息调整为收付实现制下的现金流量信息，便于信息使用者了解企业净利润的质量。从内容上看，现金流量表被划分为经营活动、投资活动和筹资活动三个部分，每类活动又分为各具体项目，这些项目从不同角度反映企业业务活动的现金流入与流出，弥补了资产负债表和利润表提供信息的不足。通过现金流量表，报表使用者能够了解现金流量的影响因素，评价企业的支付能力、偿债能力和周转能力，预测企业未来现金流量，为其决策提供有力依据。

（二）现金流量表的结构

在现金流量表中，现金及现金等价物被视为一个整体，企业现金形式的转换不会产生现金的流入和流出。例如，企业从银行提取现金，是企业现金存放形式的转换，并未流出企业，不构成现金流量。同样，现金与现金等价物之间的转换也不属于现金流量，例如，企业用现金购买三个月到期的国库券。根据企业业务活动的性质和现金流量的来源，现金流量表在结构上将企业一定期间产生的现金流量分为三类：经营活动产生的现金流量、投资活动产生的现金流量和筹资活动产生的现金流量。现金流量表的具体格式见表6-8。

表 6-8　现金流量表

会企 03 表

编制单位：　　　　　　___年___月　　　　　　　　　　单位：元

项　目	本期金额	上期金额
一、经营活动产生的现金流量		
销售商品、提供劳务收到的现金		
收到的税费返还		
收到其他与经营活动有关的现金		
经营活动现金流入小计		
购买商品、接受劳务支付的现金		
支付给职工以及为职工支付的现金		
支付的各项税费		
支付其他与经营活动有关的现金		
经营活动现金流出小计		
经营活动产生的现金流量净额		
二、投资活动产生的现金流量		
收回投资收到的现金		
取得投资收益收到的现金		
处置固定资产、无形资产和其他长期资产收回的现金净额		
处置子公司及其他营业单位收到的现金净额		
收到其他与投资活动有关的现金		
投资活动现金流入小计		
购建固定资产、无形资产和其他长期资产支付的现金		
投资支付的现金		
取得子公司及其他营业单位支付的现金净额		
支付其他与投资活动有关的现金		
投资活动现金流出小计		
投资活动产生的现金流量净额		

（续表）

项　　目	本期金额	上期金额
三、筹资活动产生的现金流量：		
吸收投资收到的现金		
取得借款收到的现金		
收到其他与筹资活动有关的现金		
筹资活动现金流入小计		
偿还债务支付的现金		
分配股利、利润或偿付利息支付的现金		
支付其他与筹资活动有关的现金		
筹资活动现金流出小计		
筹资活动产生的现金流量净额		
四、汇率变动对现金及现金等价物的影响		
五、现金及现金等价物净增加额		
加：其实现金及现金等价物余额		
六、期末现金及现金等价物余额		

二、现金流量表的填列方法

（一）经营活动产生的现金流量

经营活动是指工业企业投资活动和筹资活动以外的所有交易和事项。各类企业由于行业特点不同，对经营活动的认定存在一定差异。对于工业企业而言，经营活动主要包括销售商品、提供劳务、购买商品、接受劳务、支付职工薪酬、支付税费等。

在我国，企业经营活动产生的现金流量应当采用直接法填列。直接法，是指通过现金收入和现金支出的主要类别列示经营活动的现金流量。

（二）投资活动产生的现金流量

投资活动是指工业企业长期资产的购建和不包括在现金等价物范围

内的投资及其处置活动。长期资产是指固定资产、无形资产、在建工程、其他资产等持有期限在一年或一个营业周期以上的资产。这里所讲的投资活动，既包括实物资产投资，也包括金融资产投资。这里之所以将"包括在现金等价物范围内的投资"排除在外，是因为已经将包括在现金等价物范围内的投资视同现金。不同企业由于行业特点不同，对投资活动的认定也存在差异。例如，交易性金融资产所产生的现金流量，对于工业企业而言，属于投资活动现金流量，而对于证券公司而言，属于经营活动现金流量。

（三）筹资活动产生的现金流量

筹资活动是指导致工业企业资本及债务规模和构成发生变化的活动。这里所说的资本，既包括实收资本（股本），也包括资本溢价（股本溢价）；这里所说的债务，指对外举债，包括向银行借款、发行债券以及偿还债务等。通常情况下，应付账款、应付票据等商业应付款等属于经营活动，不属于筹资活动。

此外，对于企业日常活动之外的、不经常发生的特殊项目，如自然灾害损失、保险赔款、捐赠等，应当归并到相关类别中，并单独反映。比如，对于自然灾害损失和保险赔款，如果能够确指，属于流动资产损失，应当列入经营活动产生的现金流量；属于固定资产损失，应当列入投资活动产生的现金流量。

（四）汇率变动对现金及现金等价物的影响

编制现金流量表时，应当将工业企业外币现金流量以及境外子公司的现金流量折算成记账本位币。外币现金流量以及境外子公司的现金流量，应当采用现金流量发生日的即期汇率或按照系统合理的方法确定的、与现金流量发生日即期汇率近似的汇率折算。汇率变动对现金的影响额应当作为调节项目，在现金流量表中单独列报。

汇率变动对现金的影响，指企业外币现金流量及境外子公司的现金流量折算成记账本位币时，所采用的是现金流量发生日的汇率或按照系统合理的方法确定的、与现金流量发生日即期汇率近似的汇率，而现金流量表"现金及现金等价物净增加额"项目中外币现金净增加额是按资产负债表日的即期汇率折算的。这两者的差额即为汇率变动对现金的影响。

在编制现金流量表时，对当期发生的外币业务，也可不必逐笔计算汇率变动对现金的影响，可以通过现金流量表补充资料中"现金及现金等价物净增加额"数额与现金流量表中"经营活动产生的现金流量净额"、"投资活动产生的现金流量净额"、"筹资活动产生的现金流量净额"三项之和比较，其差额即为"汇率变动对现金的影响额"。

三、现金流量表的编制方法及程序

（一）直接法和间接法

编制现金流量表时，列报经营活动现金流量的方法有两种：一是直接法；二是间接法。在直接法下，一般是以利润表中的营业收入为起算点，调节与经营活动有关的项目的增减变动，然后计算出经营活动产生的现金流量。在间接法下，将净利润调节为经营活动现金流量，实际上就是将按权责发生制原则确定的净利润调整为现金净流入，并剔除投资活动和筹资活动对现金流量的影响。

采用直接法编报的现金流量表，便于分析企业经营活动产生的现金流量的来源和用途，预测企业现金流量的未来前景；采用间接法编报现金流量表，便于将净利润与经营活动产生的现金流量净额进行比较，了解净利润与经营活动产生的现金流量差异的原因，从现金流量的角度分析净利润的质量。所以，我国企业会计准则规定企业应当采用直接法编报现金流量表，同时要求在附注中提供以净利润为基础调节到经营活动现金流量的信息。

（二）工作底稿法、T 型账户法和分析填列法

在具体编制现金流量表时，可以采用工作底稿法或 T 型账户法，也可以根据有关科目记录分析填列。

1. 工作底稿法

采用工作底稿法编制现金流量表，是以工作底稿为手段，以资产负债表和利润表数据为基础，对每一项目进行分析并编制调整分录，从而编制现金流量表。工作底稿法的程序是：

第一步，将资产负债表的期初数和期末数过入工作底稿的期初数栏和期末数栏。

第二步，对当期业务进行分析并编制调整分录。编制调整分录时，要以利润表项目为基础，从"营业收入"开始，结合资产负债表项目逐一进行分析。在调整分录中，有关现金和现金等价物的事项，并不直接借记或贷记现金，而是分别计入"经营活动产生的现金流量""投资活动产生的现金流量""筹资活动产生的现金流量"有关项目，借记表示现金流入，贷记表示现金流出。

第三步，将调整分录过入工作底稿中的相应部分。

第四步，核对调整分录，借方、贷方合计数均已经相等，资产负债表项目期初数加减调整分录中的借贷金额以后，也等于期末数。

第五步，根据工作底稿中的现金流量表项目部分编制正式的现金流量表。

2. T 型账户法

采用 T 型账户法编制现金流量表，是以 T 型账户为手段，以资产负债表和利润表数据为基础，对每一项目进行分析并编制调整分录，从而编制现金流量表。T 型账户法的程序是：

第一步，为所有的非现金项目（包括资产负债表项目和利润表项目）分别开设 T 形账户，并将各自的期末期初变动数过入各该账户。如果项目的期末数大于期初数，则将差额过入和项目余额相同的方向；反之，过入相反的方向。

第二步，开设一个大的"现金及现金等价物"T 形账户，每边分为经营活动、投资活动和筹资活动三个部分，左边记现金流入，右边记现金流出。与其他账户一样，过入期末期初变动数。

第三步，以利润表项目为基础，结合资产负债表分析每一个非现金项目的增减变动，并据此编制调整分录。

201

第四步，将调整分录过人各 T 形账户，并进行核对，该账户借贷相抵后的余额与原先过入的期末期初变动数应当一致。

第五步，根据大的"现金及现金等价物"T 形账户编制正式的现金流量表。

3. 分析填列法

分析填列法是直接根据资产负债表、利润表和有关会计科目明细账的记录，分析计算出现金流量表各项目的金额，并据以编制现金流量表的一种方法。

四、现金流量表编制示例

【案例6-23】 WCM 公司现金流量表的编制

WCM 公司是一家加工制造企业，2×19 年有关资料如下（增值税税率为 13%）：

（1）本期主营业务收入为 2 000 万元；收回应收账款 240 万元；预收甲公司货款 100 万元。

（2）本期现购材料成本为 1 400 万元：支付去年应付账款 100 万元：预付材料供应商乙公司货款 220 万元。

（3）本期发放的职工工资总额为 200 万元，其中生产经营及管理人员的工资 140 万元，奖金 30 万元：在建工程人员的工资 24 万元，奖金 6 万元，工资及奖金全部从很行提取现金发放。

（4）本期所得税费用为 320 万元，未交所得税的年初数为 240 万元，年末数为 200 万元。（无调整事项）。

（5）为建造厂房，本期以银行存款购入固定资产 200 万元，支付增值税税额 34 万元。

（6）购入股票 200 万股，每股价格 5.2 元，其中包含的已宣告但尚未领取的现金股利每股 0.2 元，作为短期投资核算。

（7）到期收回长期债券投资，面值 200 万元，3 年期，利率 3%，一次还本付息。

（8）对一台管理用设备进行清理，该设备账面原价240万元，已提折旧160万元，以银行存款支付清理费用4万元，收到变价收入26万元，该设备已清理完毕。

（9）借入短期借款480万元，借入长期借款920万元，当年以银行存款支付利息60万元。

（10）向股东支付上年现金股利100万元。

（11）该企业期初现金及现金等价物为1 200万元。

各个现金流量项目的计算过程如下：

（1）"销售商品、提供劳务收到的现金"项目 = 2 000 × (1 + 13%) + 240 + 100 = 2 600（万元）

（2）"购买商品、接受劳务支付的现金"项目 = 1 400 × (1 + 13%) + 100 + 220 = 1 902（万元）

（3）"支付给职工以及为职工支付的现金"项目 = 140 + 30 + 24 + 6 = 200（万元）

（4）"支付的各项税费"项目 = 320 + 240 − 200 = 360（万元）

（5）"收回投资收到的现金"项目 = 200（万元）

（6）"取得投资收益收到的现金"项目 = 200 × 3% × 3 = 18（万元）

（7）"处置固定资产、无形资产和其他长期资产收回的现金净额"项目 = 26 − 4 = 22（万元）

（8）"购建固定资产、无形资产和其他长期资产支付的现金"项目 = 200 + 34 = 234（万元）

（9）"投资支付的现金"项目 = 200 × 5.2 = 1 040（万元）

（10）"取得借款收到的现金"项目 = 480 + 920 = 1 400（万元）

（11）"分配股利、利润或偿付利息支付的现金"项目 = 60 + 100 = 160（万元）

据此，WCM公司编制的现金流量表如下表6-9所示。

表 6-9　现金流量表

编制单位：WCM 公司　　　　　　　2×19 年度　　　　　　　单位：元

项目	本期金额	上期金额
一、经营活动产生的现金流量：		
销售商品、提供劳务收到的现金	2 600	
收到的税费返还		
收到其他与经营活动有关的现金		
经营活动现金流入小计	2 600	
购买商品、接受劳务支付的现金	1 902	
支付给职工以及为职工支付的现金	200	
支付的各项税费	360	
支付其他与经营活动有关的现金		
经营活动现金流出小计	2462	
经营活动产生的现金流量净额	138	
二、投资活动产生的现金流量：		
收回投资收到的现金	200	
取得投资收益收到的现金	18	
处置固定资产、无形资产和其他长期资产收回的现金净额	22	
处置子公司及其他营业单位收到的现金净额		
收到其他与投资活动有关的现金		
投资活动现金流入小计	240	
购建固定资产、无形资产和其他长期资产支付的现金	234	
投资支付的现金	1 040	
取得子公司及其他营业单位支付的现金净额		
支付其他与投资活动有关的现金		
投资活动现金流出小计	1 274	
投资活动产生的现金流量净额	−1 034	
三、筹资活动产生的现金流量：		

（续表）

项目	本期金额	上期金额
吸收投资收到的现金		
取得借款收到的现金	1 400	
收到其他与筹资活动有关的现金		
筹资活动现金流入小计	1 400	
偿还债务支付的现金		
分配股利、利润或偿付利息支付的现金	160	
支付其他与筹资活动有关的现金		
筹资活动现金流出小计	160	
筹资活动产生的现金流量净额	1 240	
四、汇率变动对现金及现金等价物的影响		
五、现金及现金等价物净增加额	344	
加：期初现金及现金等价物余额	1 200	
六、期末现金及现金等价物余额	1 544	

第五节　所有者权益变动表及附注

一、所有者权益变动表概述

所有者权益变动表是指反映构成所有者权益各组成部分当期增减变动情况的报表。通过所有者权益变动表，既可以为财务报表使用者提供所有者权益总量增减变动的信息，也能为其提供所有者权益增减变动的结构性信息，特别是能够让财务报表使用者理解所有者权益增减变动的根源。

二、所有者权益变动表的结构

在所有者权益变动表上，工业企业至少应当单独列示反映下列信息的项目：（1）综合收益总额；（2）会计政策变更和差错更正的累积影响金额；（3）所有者投入资本和向所有者分配利润等；（4）提取的盈余公积；（5）实收资本、其他权益工具、资本公积、盈余公积、未分配利润的期初和期末余额及其调节情况。所有者权益变动表以矩阵的形式列示：一方面，列示导致所有者权益变动的交易或事项，即所有者权益变动的来源，对一定时期所有者权益的变动情况进行全面反映；另方面，按照所有者权益各组成部分（即实收资本、其他权益工具、资本公积、库存股其他综合收益、盈余公积、未分配利润）列示交易或事项对所有者权益各部分的影响，我国企业所有者权益变动表的格式如表6-10所示。

三、所有者权益变动表的编制

（一）所有者权益变动表项目的填列方法

所有者权益变动表各项目均需填列"本年金额"和"上年金额"两栏。

所有者权益变动表"上年金额"栏内各项数字，应根据上年度所有者权益变动表"本年金额"栏内所列数字填列。上年度所有者权益变动表规定的各个项目的名称和内容同本年度不一致的，应对上年度所有者权益变动表各项目的名称和数字按照本年度的规定进行调整，填入所有者权益变动表的"上年金额"栏内。

所有者权益变动表"本年金额"栏内各项数字一般应根据"实收资本（或股本）""其他权益工具""资本公积""库存股""其他综合收益""盈余公积""利润分配""以前年度损益调整"科目的发生额分析填列。

企业的净利润及其分配情况作为所有者权益变动的组成部分，不需要单独编制利润分配表列示。

（二）所有者权益变动表主要项目说明

1. "上年年末余额"项目，反映企业上年资产负债表中实收资本（或股本）、其他权益工具、资本公积、库存股、其他综合收益、盈余公积、未分配利润的年末余额。

2. "会计政策变更""前期差错更正"项目，分别反映企业采用追溯调整法处理的会计政策变更的累积影响金额和采用追溯重述法处理的会计差错更正的累积影响金额。

3. "本年增减变动金额"项目

（1）"综合收益总额"项目，反映净利润和其他综合收益扣除所得税影响后的净额相加后的合计金额。

（2）"所有者投入和减少资本"项目，反映企业当年所有者投入的资本和减少的资本。

①"所有者投入的普通股"项目，反映企业接受投资者投入形成的实收资本（或股本）和资本溢价或股本溢价。

②"其他权益工具持有者投入资本"项目，反映企业接受其他权益工具持有者投入资本。

③"股份支付计入所有者权益的金额"项目，反映企业处于等待期中的权益结算的股份支付当年计入资本公积的金额。

（3）"利润分配"项目，反映企业当年的利润分配金额。

（4）"所有者权益内部结转"项目，反映企业构成所有者权益的组成部分之间当年的增减变动情况。

①"资本公积转增资本（或股本）"项目，反映企业当年以资本公积转增资本或股本的金额

②"盈余公积转增资本（或股本）"项目，反映企业当年以盈余公积转增资本或股本的金额

③"盈余公积弥补亏损"项目，反映企业当年以盈余公积弥补亏损的金额。

④"设定受益计划变动额结转留存收益"项目，反映企业因重新计

量设定受益计划净负债或净资产所产生的变动计入其他综合收益，结转至留存收益的金额。

⑤ "其他综合收益结转留存收益"项目，主要反映：第一，企业指定为以公允价值计量且其变动计人其他综合收益的非交易性权益工具投资终止确认时，之前计人其他综合收益的累计利得或损失从其他综合收益中转入留存收益的金额；第二，企业指定为以公允价值计量且其变动计入当期损益的金融负债终止确认时，之前由企业自身信用风险变动引起而计入其他综合收益的累计利得或损失从其他综合收益中转入留存收益的金额等。

【案例6-24】　丁公司所有者权益变动表的编制

宏海制造股份有限公司 2×17 年 12 月 31 日所有者权益各项目余额如下：股本 500 000 元，盈余公积 100 000 元，未分配利润 50 000 元。2×18 年，丙股份有限公司获得综合收益总领为 280 000 元（其中，净利润 200 000 元），提取盈余公积 20 000 元；分配现金股利 100 000 元，丙股份有限公司 2×18 年度所有者权益变动表如表 6-10 所示。

四、附注概述

附注是对资产负债表、利润表、现金流量表和所有者权益变动表等报表中列示项目的文字描述或明细资料，以及对未能在这些报表中列示项目的说明等。附注主要起到两方面的作用：第一，附注的披露，是对资产负债表、利润表、现金流量表和所有者权益变动表列示项目含义的补充说明，以帮助财务报表使用者更准确地把握其含义。例如，通过阅读附注中披露的固定资产折旧政策的说明，使用者可以掌握报告企业与其他企业在固定资产折旧政策上的异同，以便进行更准确的比较。第二，附注提供了对资产负债表、利润表、现金流量表和所有者权益变动表中未列示项目的详细或明细说明。例如，通过阅读附注中披露的存货增减变动情况，财务报表使用者可以了解资产负债表中未单列的存货分类信息。

表6-10　所有者权益变动表

编制单位：宏海制造股份有限公司　　　　年度：2×18年　　　　会企04表
　　　　　　　　　　　　　　　　　　　　　　　　　　　　　单位：元

项目	本年金额							上年金额						
	实收资本（或股本）	资本公积	减：库存股	其他综合收益	盈余公积	未分配利润	所有者权益合计	实收资本（或股本）	资本公积	减：库存股	其他综合收益	盈余公积	未分配利润	所有者权益合计
一、上年年末余额	500 000				100 000	50 000	650 000	500 000				100 000	50 000	650 000
加：会计政策变更														
前期差错更正														
二、本年年初余额	500 000				100 000	50 000	650 000							
三、本年增减变动金额（减少以"—"填列）				160 000	20 000		180 000							
（一）综合收益总额				280 000										
其中：净利润				200 000										
直接计入所有者权益的利得和损失				80 000										
（二）所有者投入和减少资本														

（续表）

项目	本年金额							上年金额						
	实收资本（或股本）	资本公积	减：库存股	其他综合收益	盈余公积	未分配利润	所有者权益合计	实收资本（或股本）	资本公积	减：库存股	其他综合收益	盈余公积	未分配利润	所有者权益合计
1. 所有者投入资本														
2. 股份支付计入所有者权益的金额														
3. 其他														
（三）利润分配														
1. 提取盈余公积				−20 000	20 000									
2. 对所有者（或股东）的分配				−100 000										
3. 其他														
（四）所有者权益内部结转														
1. 资本公积转增资本（或股本）														
2. 盈余公积转增资本（或股本）														

（续表）

项目	本年金额							上年金额						
	实收资本（或股本）	资本公积	减：库存股	其他综合收益	盈余公积	未分配利润	所有者权益合计	实收资本（或股本）	资本公积	减：库存股	其他综合收益	盈余公积	未分配利润	所有者权益合计
3. 盈余公积弥补亏损														
4. 其他														
四、本年年末余额	500 000			160 000	120 000	50 000	830 000							

通过附注与资产负债表、利润表、现金流量表和所有者权益变动表列示项目的相互参照关系，以及对未能在财务报表中列示项目的说明，可以使财务报表使用者全面了解企业的财务状况、经营成果和现金流量以及所有者权益的情况。

五、附注的主要内容

附注是工业企业财务报表的重要组成部分。根据企业会计准则的规定，企业应当按照如下顺序披露附注的内容：

（一）企业的基本情况

1. 企业注册地、组织形式和总部地址。
2. 企业的业务性质和主要经营活动。
3. 母公司以及集团最终母公司的名称。
4. 财务报告的批准报出者和财务报告批准报出日。
5. 营业期限有限的企业，还应当披露有关营业期限的信息。

（二）财务报表的编制基础

财务报表的编制基础是指财务报表是在持续经营基础上还是非持续经营基础上编制的。企业一般是在持续经营基础上编制财务报表，清算、破产属于非持续经营基础。

（三）遵循企业会计准则的声明

企业应当声明编制的财务报表符合企业会计准则的要求，真实、完整地反映了企业的财务状况、经营成果和现金流量等有关信息，以此明确企业编制财务报表所依据的制度基础。

（四）重要会计政策和会计估计

企业应当披露采用的重要会计政策和会计估计，不重要的会计政策和会计估计可以不披露。在披露重要会计政策和会计估计时，企业应当披露重要会计政策的确定依据和财务报表项目的计量基础，以及会计估计中所采用的关键假设和不确定因素。

会计政策的确定依据，主要是指企业在运用会计政策过程中所作的对报表中确认的项目金额最具影响的判断，有助于财务报表使用者理解企业选择和运用会计政策的背景，增加财务报表的可理解性。财务报表项目的计量基础，是指企业计量该项目采用的是历史成本，重置成本、可变现净值、现值还是公允价值，这直接影响财务报表使用者对财务报表的理解和分析。在确定财务报表中确认的资产和负债的账面价值过程中，企业有时需要对不确定的未来事项在资产负债表日对这些资产和负债的影响加以估计，如企业预计固定资产未来现金流量采用的折现率和假设。这类假设的变动对这些资产和负债项目金额的确定影响很大，有可能会在下一个会计年度内作出重大调整，因此，强调这一披露要求，有助于提高财务报表的可理解性。

（五）会计政策和会计估计变更以及差错更正的说明

企业应当按照会计政策、会计估计变更和差错更正会计准则的规定，披露会计政策和会计估计变更以及差错更正的有关情况。

（六）报表重要项目的说明

企业对报表重要项目的说明，应当按照资产负债表、利润表、现金流量表、所有者权益变动表及其项目列示的顺序，采用文字和数字描述相结合的方式进行披露。报表重要项目的明细金额合计应当与报表项目金额相衔接，主要包括以下重要项目：

1. 应收款项

企业应当披露应收款项的账龄结构和客户类别以及期初、期末账面余额等信息。

2. 存货

企业应当披露下列信息：

（1）各类存货的期初和期末账面价值；

（2）确定发出存货成本所采用的方法；

（3）存货可变现净值的确定依据，存货跌价准备的计提方法，当期

计提的存货跌价

准备的金额，当期转回的存货跌价准备的金额，以及计提和转回的有关情况；

（4）用于担保的存货账面价值。

3. 长期股权投资

企业应当披露下列信息：

（1）对控制、共同控制、重大影响的判断；

（2）对投资性主体的判断及主体身份的转换

（3）企业集团的构成情况；

（4）重要的非全资子公司的相关信息；

（5）对使用企业集团资产和清偿企业集团债务的重大限制；

（6）纳入合并财务报表范围的结构化主体的相关信息；

（7）企业在其子公司的所有者权益份额发生变化的情况；

（8）投资性主体的相关信息；

（9）合营安排和联营企业的基础信息；

（10）重要的合营企业和联营企业的主要财务信息

（11）不重要的合营企业和联营企业的汇总财务信息；

（12）与企业在合营企业和联营企业中权益相关的风险信息；

（13）未纳入合并财务报表范围的结构化主体的基础信息

（14）与权益相关资产负债的账面价值和最大损失散口；

（15）企业是结构化主体的发起人但在结构化主体中没有权益的情况

（16）向未纳入合并财务报表范围的结构化主体提供支持的情况；

（17）未纳入合并财务报表范围结构化主体的额外信息披露。

4. 投资性房地产

企业应当披露下列信息：

（1）投资性房地产的种类、金额和计量模式；

（2）采用成本模式的，应披露投资性房地产的折旧或销，以及减值准备的计提情况；

（3）果用公允价值模式的，应披露公允价值的确定依据和方法，以及公允价值变动对损益的影响；

（4）房地产转换情况、理由，以及对损益或所有者权益的影响；

（5）当期处置的投资性房地产及其对损益的影响。

5. 固定资产

企业应当披露下列信息：

（1）固定资产的确认条件、分类、计量基础和折旧方法；

（2）各类固定资产的使用寿命、预计净残值和折旧率；

（3）各类固定资产的期初和期末原价、累计折旧额及固定资产减值准备累计金额；

（4）当期确认的折旧费用；

（5）对固定资产所有权的限制及金额和用于担保的固定资产账面价值；

（6）准备处置的固定资产名称、账面价值、公允价值、预计处置费用和预计处置时间等。

6. 无形资产

企业应当披露下列信息：

（1）无形资产的期初和期末账面余额、累计摊销额及减值准备累计金额；

（2）使用寿命有限的无形资产，其使用寿命的估计情况；使用寿命不确定的无形资产，其使用寿命不确定的判断依据；

（3）无形资产的摊销方法；

（4）用于担保的无形资产账面价值、当期摊销额等情况；

（5）计入当期损益和确认为无形资产的研究开发支出金额。

7. 职工薪酬

企业应当披露短期职工薪酬相关的下列信息：

（1）应当支付给职工的工资、奖金、津贴和补贴，及其期末应付未付金额；

（2）应当为职工缴纳的医疗保险费、工伤保险费和生育保险费等社会保险费，及其期末应付未付金额；

（3）应当为职工缴存的住房公积金，及其期末应付未付金额；

（4）为职工提供的非货币性福利，及其计算依据；

（5）依据短期利润分享计划提供的职工薪酬金额及其计算依据；

（6）其他短期薪酬。

企业应当披露所设立或参与的设定提存计划的性质、计算缴费金额的公式或依据，当期缴费金额以及应付未付金额。

企业应当披露与设定受益计划有关的下列信息：

（1）设定受益计划的特征及与之相关的风险；

（2）设定受益计划在财务报表中确认的金额及其变动；

（3）设定受益计划对企业未来现金流量金额、时间和不确定性的影响；

（4）设定受益计划义务现值所依赖的重大精算假设及有关敏感性分析的结果。

企业应当披露支付的因解除劳动关系所提供辞退福利及其期末应付未付金额。企业应当披露提供的其他长期职工福利的性质、金额及其计算依据。

8. 应交税费

企业应当披露应交税费的构成及期初、期末账面余额等信息。

9. 短期借款和长期借款

企业应当披露短期借款、长期借款的构成及期初、期末账面余额等信息。对于期末逾期借款，应披露贷款单位、借款金额、逾期时间、年利率逾期未偿还原因和预期还款期等信息。

10. 应付债券

企业应当披露应付债券的构成及期初、期末账面余额等信息。

11. 长期应付款

企业应当披露长期应付款的构成及期初、期末账面余额等信息。

12. 营业收入

企业应当披露营业收入的构成及本期、上期发生额等信息。

13. 公允价值变动收益

企业应当披露公允价值变动收益的来源及本期、上期发生额等信息。

14. 投资收益

企业应当披露投资收益的来源及本期、上期发生额等信息。

15. 资产减值损失

企业应当技露各项资产的减值损失及本期、上期发生额等信息。

16. 营业外收入

企业应当披露营业外收入的构成及本期、上期发生额等信息。

17. 营业外支出

企业应当披露营业外支出的构成及本期、上期发生额等信息。

18. 所得税费用

企业应当披露下列信息：

（1）所得税费用（收益）的主要组成部分；

（2）所得税费用（收益）与会计利润关系的说明。

19. 其他综合收益

企业应当披露下列信息：

（1）其他综合收益各项目及其所得税影响；

（2）其他综合收益各项目原计入其他综合收益、当期转出计入当期损益的金额；

（3）其他综合收益各项目的期初和期末余额及其调节情况。

20. 政府补助

企业应当披露下列信息：

（1）政府补助的种类、金额和列报项目

（2）计入当期损益的政府补助金额；

（3）本期退回的政府补助金额及原因。

21. 借款费用

企业应当披露下列信息

（1）当期资本化的借款费用金额

（2）当期用于计算确定借款费用资本化金额的资本化率。

（3）或有和承诺事项、资产负债表日后非调整事项、关联方关系及其交易等需要说明的事项

（4）有助于财务报表使用者评价企业管理资本的目标、政策及程序的信息

第七章　工业企业纳税

 **本章导读**

本章主要介绍了工业企业纳税过程中所涉及到的个人所得税、企业所得税、增值税和其他各项应交税金的计税依据和计算方法，以便工业企业会计从业人员对企业纳税进行规范的账务处理及核算。同时，本章还介绍了小型微利企业的各项税收优惠以供参考。

本章的主要内容包括：

(1) 工业企业纳税概述。
(2) 2019 年修订后，个人所得税的计算与缴纳。
(3) 2019 年税率调整后，增值税的计算与缴纳。
(4) 企业所得税的计算与缴纳。
(5) 其他小税种的计算与缴纳。
(6) 小型微利企业的税收优惠。

第一节　纳税概述

纳税，即税收中的纳税人的执行过程，就是根据国家各种税法的规定，按照一定的比率，把集体或个人收入的一部分缴纳给国家。

对工业企业的一般纳税人而言，进项税额抵扣需要取得相应的专用发票。如果工业企业每项支出是有发票的，每项进货都是有发票的，那营改增肯定是能降低公司税负的。如果无法取得发票或没有发票，有可能导致进项税额抵扣不足，税收负担不降反升也是有可能的。例如工业企业在购置原材料时，供应商如果无法提供增值税专用发票的，这部分开支就不能抵扣。此外，人工成本也是一笔不小的开支，而这些也不能抵扣。因此对工业企业一般纳税人而言，应完善财务制度，关注发票的取得、使用和管理，合理纳税。

一、个人所得税

个人所得税是对个人取得的各项所得征收的一种所得税。根据税法规定，个人所得税代扣代缴和纳税人自行申报相结合的征收方式。支付所得的单位或个人为扣缴义务人。工业企业为核算扣缴职工个人所得税的情况，应在"应交税费"科目下设置"应交个人所得税"明细科目。工业企业按规定计算应代扣代缴的职工个人所得税，借记"应付职工薪酬"科目，贷记"应交税费——应交个人所得税"。交纳的个人所得税，借记"应交税费——应交个人所得税"，贷记"银行存款"科目。

按照《中华人民共和国个人所得税法》最新规定，居民个人取得工资、薪金所得，劳务报酬所得，稿酬所得，特许权使用费所得（以下统称综合所得），按纳税年度合并计算个人所得税；非居民个人取得综合所得，按月或者按次分项计算个人所得税。

居民个人的综合所得，以每一纳税年度的收入额减除费用 6 万元以及专项扣除、专项附加扣除和依法确定的其他扣除后的余额，为应纳税所得额。非居民个人的工资、薪金所得，以每月收入额减除费用 5 000 元后的余额为应纳税所得额；劳务报酬所得、稿酬所得、特许权使用费所得，以每次收入额为应纳税所得额。劳务报酬所得、稿酬所得、特许权使用费所得以收入减除 20％ 的费用后的余额为收入额。稿酬所得的收入额减按 70％ 计算。综合所得，适用 3％ 至 45％ 的超额累进税率。

表7-1　综合所得个人所得税税率表

级数	全年应纳税所得额	税率（%）
1	不超过36 000元的	3
2	超过36 000元至144 000元的部分	10
3	超过144 000元至300 000元的部分	20
4	超过300 000元至420 000元的部分	25
5	超过420 000元至660 000元的部分	30
6	超过660 000元至960 000元的部分	35
7	超过960 000元的部分	45

注1：本表所称全年应纳税所得额指依照《个人所得税法》第六条的规定，居民个人取得综合所得以每一纳税年度收入额减除费用六万元以及专项扣除、专项附加扣除和依法确定的其他扣除后的余额。

注2：非居民个人取得工资、薪金所得，劳务报酬所得，稿酬所得和特许权使用费所得，依照本表按月换算后计算应纳税额。

居民个人取得综合所得，按年计算个人所得税；有扣缴义务人的，由扣缴义务人按月或者按次预扣预缴税款；需要办理汇算清缴的，应当在取得所得的次年3月1日至6月30日内办理汇算清缴。预扣预缴办法由国务院税务主管部门制定。

居民个人向扣缴义务人提供专项附加扣除信息的，扣缴义务人按月预扣预缴税款时应当按照规定予以扣除，不得拒绝。

非居民个人取得工资、薪金所得，劳务报酬所得，稿酬所得和特许权使用费所得，有扣缴义务人的，由扣缴义务人按月或者按次代扣代缴税款，不办理汇算清缴。

【案例7-1】　工资薪金的预扣个人所得税的计算

某职员2×15年入职，2×19年每月应发工资均为10 000元，每月减除费用5 000元，"三险一金"等专项扣除为1 500元，从1月起享受子女教育专项附加扣除1 000元，没有减免收入及减免税额等情况，以前三个月为例，应当按照以下方法计算预扣预缴税额：

1 月份预扣预缴税额 = (10 000 - 5 000 - 1 500 - 1 000) × 3% = 75 (元);

2 月份预扣预缴税额 = (10 000 × 2 - 5 000 × 2 - 1 500 × 2 - 1 000 × 2) × 3% - 75 = 75 (元);

3 月份预扣预缴税额 = (10 000 × 3 - 5 000 × 3 - 1 500 × 3 - 1 000 × 3) × 3% - 75 - 75 = 75 (元)。

【案例 7-2】　有专项抵扣情况下的个人所得税的计算

某职员 2×15 年入职，2×19 年每月应发工资均为 30 000 元，每月减除费用 5 000 元，"三险一金"等专项扣除为 4 500 元，享受子女教育、赡养老人两项专项附加扣除共计 2 000 元，没有减免收入及减免税额等情况，以前三个月为例，应当按照以下方法计算各月应预扣预缴税额：

1 月份：(30 000 - 5 000 - 4 500 - 2 000) × 3% = 555 (元);

2 月份：(30 000 × 2 - 5 000 × 2 - 4 500 × 2 - 2 000 × 2) × 10% - 2 520 - 555 = 625 (元);

3 月份：(30 000 × 3 - 5 000 × 3 - 4 500 × 3 - 2 000 × 3) × 10% - 2 520 - 555 - 625 = 1 850 (元)。

【案例 7-3】　劳务报酬所得的个人所得税计算

假如某居民个人取得劳务报酬所得 2 000 元，则这笔所得应预扣预缴税额计算过程为：

收入额 = 2 000 - 800 = 1 200 (元)

应预扣预缴税额 = 1 200 × 20% = 240 (元)

二、企业所得税

(一) 企业所得税的含义

企业所得税是以各类组织取得的生产经营所得和其他所得为征税对

象所征收的一种税。从 2008 年 1 月 1 日起，我国实行了合并企业所得税的改革，无论外资企业，还是内资企业，均适用统一的企业所得税。

（二）企业所得税纳税人、征税范围、税率

1. 企业所得税的纳税人

企业所得税的纳税人范围，《企业所得税法》采用了一般减去特殊的原则，除个人独资企业和合伙企业，其他的凡取得收入的各类经济组织，包括依照中国法律、行政法规在中国境内成立的企业、事业单位、社会团体以及其他取得收入的组织。

2. 企业所得税的征税范围

《企业所得税法》规定，企业以货币形式和非货币形式从各种来源取得的收入，为收入总额。包括：

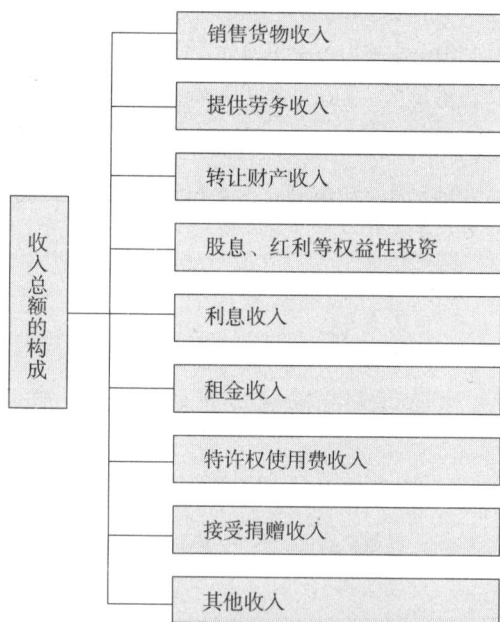

图 7-1　收入总额的构成

依据《企业所得税法》规定，收入总额中的下列收入为不征税收入：

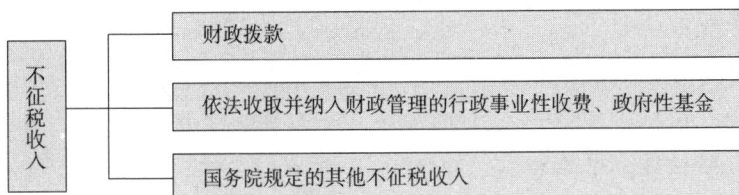

图 7-2　不征税收入

另外，企业在清算结算的时候，往往会产生清算所得，所谓清算所得指企业的全部资产可变现价值或者交易价格减除资产净值、清算费用以及相关税费等后的余额。清算所得也属于企业所得税的征税范围。

3. 企业所得税的税率

当前企业所得税的税率统一为 25%。但在三种情况下，可以享受到 20%、15% 的优惠税率。

（1）对于符合一定条件的微利小微企业，采用 20% 优惠税率的规定，这些我们将在税收优惠部分进行详细的讲解。

（2）对于国家需要重点扶持的高新技术企业和技术先进型企业，减按 15% 的税率征收企业所得税。

因此，我国企业所得额税执行的是 25% 的统一税率，并辅以 20%、15% 优惠税率的政策。

（三）企业所得税的计税依据的确定

1. 企业所得税的计税依据

企业所得税的计税依据，是企业的应纳税所得额。所谓应纳税所得额，指企业每一纳税年度的收入总额，减除不征税收入、免税收入、各项扣除以及允许弥补的以前年度亏损后的余额。应纳税所得额的基本计算公式是：

应纳税所得额 = 收入总额 - 不征税收入 - 免税收入 - 准予扣除项目 - 允许弥补的以前年度亏损

2. 如何正确的计算企业收入

要正确的计算企业的应纳税所得额，首先是要正确的计算企业的收入总额，企业以货币形式和非货币形式从各种来源取得的收入，为收入总额。企业取得收入的货币形式，包括现金、存款、应收账款、应收票据、准备持有至到期的债券投资以及债务的豁免等。企业取得收入的非货币形式，包括固定资产、生物资产、无形资产、股权投资、存货、不准备持有至到期的债券投资、劳务以及有关权益等。企业以非货币形式取得的收入，应当按照公允价值确定收入额。

（1）企业收入的主要内容

按照新施行的《企业所得税法》的规定，企业的各项收入主要包括以下的内容：

表7-2　各项收入主要包括的内容

销售货物收入	指企业销售商品、产品、原材料、包装物、低值易耗品以及其他存货取得的收入
提供劳务收入	指企业从事建筑安装、修理修配、交通运输、仓储租赁、金融保险、邮电通信、咨询经纪、文化体育、科学研究、技术服务、教育培训、工业住宿、中介代理、卫生保健、社区服务、旅游、娱乐、加工以及其他劳务服务活动取得的收入
转让财产收入	指企业转让固定资产、生物资产、无形资产、股权、债权等财产取得的收入
股息、红利等权益性投资收益	指企业因权益性投资从被投资方取得的收入
利息收入	指企业将资金提供他人使用但不构成权益性投资，或者因他人占用本企业资金取得的收入，包括存款利息、贷款利息、债券利息、欠款利息等收入
租金收入	指企业提供固定资产、包装物或者其他有形资产的使用权取得的收入
特许权使用费收入	指企业提供专利权、非专利技术、商标权、著作权以及其他特许权的使用权取得的收入
接受捐赠收入	指企业接受的来自其他企业、组织或者个人无偿给予的货币性资产、非货币性资产

（续表）

其他收入	指企业取得的除企业所得税法第六条第（一）项至第（八）项规定的收入外的其他收入，包括企业资产溢余收入、逾期未退包装物押金收入、确实无法偿付的应付款项、已作坏账损失处理后又收回的应收款项、债务重组收入、补贴收入、违约金收入、汇兑收益等

工业企业的收入来源主要是客房收入、工业收入等提供劳务的收入。

（2）不征税收入的主要内容

《企业所得税法》规定，收入总额中的下列收入为不征税收入：

表7-3 不征税收入的主要内容

财政拨款	指各级人民政府对纳入预算管理的事业单位、社会团体等组织拨付的财政资金，但国务院和国务院财政、税务主管部门另有规定的除外
依法收取并纳入财政管理的行政事业性收费、政府性基金	行政事业性收费，指依照法律法规等有关规定，按照国务院规定程序批准，在实施社会公共管理，以及在向公民、法人或者其他组织提供特定公共服务过程中，向特定对象收取并纳入财政管理的费用
	政府性基金，指企业依照法律、行政法规等有关规定，代政府收取的具有专项用途的财政资金
国务院规定的其他不征税收入	国务院规定的其他不征税收入，指企业取得的，由国务院财政、税务主管部门规定专项用途并经国务院批准的财政性资金

3. 准予在税前进行扣除的项目

《企业所得税法》第8条规定，企业实际发生的与取得收入有关的、合理的支出，包括成本、费用、税金、损失和其他支出，准予在计算应纳税所得额时扣除。

其中，有关的支出，指与取得收入直接相关的支出。合理的支出，指符合生产经营活动常规，应当计入当期损益或者有关资产成本的必要和正常的支出。

表7-4 准予在税前扣除的项目

成本	成本指成本，指企业在生产经营活动中发生的销售成本、销货成本、业务支出以及其他耗费等
费用	费用指指企业在生产经营活动中发生的销售费用、管理费用和财务费用，已经计入成本的有关费用除外
税金	税金指企业发生的除企业所得税和允许抵扣的增值税以外的各项税金及其附加。企业缴纳的增值税因其属于价外税，故不在扣除之列
损失	损失指指企业在生产经营活动中发生的固定资产和存货的盘亏、毁损、报废损失，转让财产损失，呆账损失，坏账损失，自然灾害等不可抗力因素造成的损失以及其他损失。企业发生的损失，减除责任人赔偿和保险赔款后的余额，依照国务院财政、税务主管部门的规定扣除。企业已经作为损失处理的资产，在以后纳税年度又全部收回或者部分收回时，应当计入当期收入
亏损	企业纳税年度发生的亏损，准予向以后年度结转，用以后年度的所得弥补，但结转年限最长不得超过五年。5 年内不论纳税人是盈利还是亏损，都应连续计算弥补的年限。先亏先补，按顺序连续计算弥补期。亏损额不是企业利润表中的亏损额，指企业依照企业所得税法和本条例的规定将每一纳税年度的收入总额减除不征税收入、免税收入和各项扣除后小于零的数额
其他支出	其他支出指除成本、费用、税金、损失外，企业在生产经营活动中发生的与生产经营活动有关的、合理的支出

（四）应纳所得税额的计算

企业所得税实行按年计征、分期预缴、年终汇算清缴、多退少补的办法。其应纳所得税额的计算分为预缴所得税额计算和年终汇算清缴所得税额计算两部分。

1. 按月（季）预缴所得税的计算方法

纳税人预缴所得税时，应当按纳税期限内应纳税所得额的实际数预缴；按实际数预缴有困难的，可按上一年度应纳税所得额的 1/12 或 1/4

预缴，或者经当地税务机关认可的其他方法分期预缴所得税。其计算公式为：

应纳所得税额＝月（季）应纳税所得额×25%

或　　　　　　　＝上年应纳税所得额×1/12（或1/4）×25%

2. 年终汇算清缴的所得税的计算方法

全年应纳所得税额＝全年应纳税所得额×25%

多退少补所得税额＝全年应纳所得税额－月（季）已预缴所得税额

企业所得税税款应以人民币为计算单位。若所得为外国货币的，应当按照国家外汇管理机关公布的外汇汇率折合人民币缴纳。

【案例7-4】　企业所得税的计算

某工业企业属于小微企业，2×18年全年应税所得额240万元。2×19年企业经税务机关同意，每月按上一年度应纳税所得额的1/12预缴企业所得税。2×19年全年实现利润经调整后的应纳税所得额为300万元。计算该企业2×19年每月应预缴的企业所得税；年终汇算清缴时应补缴的企业所得税。

分析与计算：

（1）2×19年1~12月每月应预缴所得税额为：

应纳税额＝240÷12×25%＝5（万元）

（2）2×19年1~12月实际预缴所得税额为：

实际预缴额＝5×12＝60（万元）

（3）2×19年全年应纳所得税税额为：

应纳税额300×25%＝75（万元）

（4）年终汇算清缴时应补缴所得税额为：

应补缴所得税额＝75－60＝15（万元）

（五）企业所得税的缴纳

企业所得税实行按年计算、分月或分季预缴、年终汇算清缴、多退少补的征纳办法。具体纳税期限由主管税务机关根据纳税人应纳税额的大小，予以核定。

1. 企业所得税的缴纳期限

企业所得税分月或者分季预缴，其相应的交纳期限如下：

（1）企业应当自月份或者季度终了之日起 15 日内，向税务机关报送预缴企业所得税纳税申报表，预缴税款。

（2）企业应当自年度终了之日起 5 个月内，向税务机关报送年度企业所得税纳税申报表，并汇算清缴，结清应缴应退税款。

企业在报送企业所得税纳税申报表时，应当按照规定附送财务会计报告和其他有关资料。

（3）企业在年度中间终止经营活动的，应当自实际经营终止之日起 60 日内，向税务机关办理当期企业所得税汇算清缴。

企业应当在办理注销登记前，就其清算所得向税务机关申报并依法缴纳企业所得税。

企业所得税的清缴，由纳税人自行计算年度应纳税所得额和应缴所得税额，根据预缴税款情况，计算全年应缴纳税额，并填写纳税申报表，在税法规定的申报期内向税务机关进行年度纳税申报，经税务机关审核后，办理结清手续。

2. 企业所得税的纳税年度

企业所得税按纳税年度计算。纳税年度自公历 1 月 1 日起至 12 月 31 日止。

企业在一个纳税年度中间开业，或者终止经营活动，使该纳税年度的实际经营期不足十二个月的，应当以其实际经营期为一个纳税年度。

企业依法清算时，应当以清算期间作为一个纳税年度。

（六）所得税的会计处理

工业企业的生产、经营所得和其他所得，依照有关所得税暂行条例及其细则的规定需要交纳所得税。工业企业应交纳的所得税，在"应交税费"科目下设置"应交企业所得税"明细科目核算。当期应计入损益的所得税，作为一项费用在净收益前扣除。工业企业按照一定方法计算计入损益的所得税，借记"所得税费用"科目，贷记"应交税费——应交企业所得税"科目。交纳的企业所得税，借记"应交税费——应交企业所得税"科目，贷记"银行存款"科目。

三、增值税

（一）增值税的含义

根据《增值税暂行条例》和"营改增"的规定，在中华人民共和国境内（以下简称境内）销售货物、提供应税劳务、提供应税服务以及进口货物的单位和个人为增值税的纳税人。纳税人应当依照《增值税暂行条例》和"营改增"的规定缴纳增值税。增值税的征税范围包括在境内销售货物、提供应税劳务、提供应税服务以及进口货物。境内指销售货物的起运地或者所在地在境内、提供的应税劳务发生在境内以及应税服务提供方或者接受方在境内。

生活服务，指为满足城乡居民日常生活需求提供的各类服务活动，包括文化体育服务、教育医疗服务、旅游娱乐服务、工业住宿服务、居民日常服务和其他生活服务。工业企业提供的工业服务作为"营改增"的重要组成部分，其本征收的营业税也改为计征增值税，所以工业企业纳税应当按照增值税的相关规定进行计算。生活服务业适用税率为6%，所以工业企业使用的增值税税率也为6%。

（二）一般纳税人和小规模纳税人的认定及管理

1. 一般纳税人的认定标准

一般纳税人指年应征增值税销售额（以下简称年应税销售额），超过财政部、国家税务总局规定的小规模纳税人标准的企业和企业性单位（以下简称企业）。

年应税销售额，指纳税人在连续不超过12个月的经营期内累计应征增值税销售额，包括纳税申报销售额、稽查查补销售额、纳税评估调整销售额、税务机关代开发票销售额和免税销售额。其中稽查查补销售额和纳税评估调整销售额计入查补税款申报当月的销售额，不计入税款所属期销售额。经营期，指在纳税人存续期内的连续经营期间，含未取得销售收入的月份。

应税服务的年应征增值税销售额（以下称应税服务年销售额）超过财政部和国家税务总局规定标准的纳税人为一般纳税人，未超过规定标准的纳税人为小规模纳税人。

兼有销售货物、提供应税劳务以及应税服务的纳税人，应税货物及劳务销售额与应税服务销售额分别计算，分别适用增值税一般纳税人资格认定标准。

兼有销售货物、提供加工修理修配劳务以及应税服务，且不经常发生应税行为的单位和个体工商户可选择按照小规模纳税人纳税。

小规模纳税人会计核算健全，能够提供准确税务资料的，可以向主管税务机关申请资格认定，不作为小规模纳税人，依照有关规定计算应纳税额。

试点实施前应税服务年销售额未超过 500 万元的试点纳税人，如符合相关规定条件，也可以向主管税务机关申请增值税一般纳税人资格认定。

2. 小规模纳税人的认定标准

小规模纳税人指年销售额在规定标准以下，并且会计核算不健全。不能按规定报送有关税务资料的增值税纳税人。所称会计核算不健全指不能正确核算增值税的销项税额、进项税额和应纳税额。

根据《增值税暂行条例》及其《增值税暂行条例实施细则》和"营改增"及相关文件的规定，小规模纳税人的认定标准是：

（1）从事货物生产或者提供应税劳务的纳税人，以及以从事货物生产或者提供应税劳务为主，并兼营货物批发或者零售的纳税人，年应税销售额在 50 万元以下（含本数，下同）的；"以从事货物生产或者提供应税劳务为主"指纳税人的年货物生产或者提供应税劳务的销售额占年应税销售额的比重在 50% 以上。

（2）对上述规定以外的纳税人（不含提供应税服务的纳税人），年应税销售额在 80 万元以下的。

（3）年应税销售额超过小规模纳税人标准的其他个人按小规模纳税人纳税；

（4）非企业性单位、不经常发生应税行为的企业可选择按小规模纳税人纳税；对于应税服务年销售额超过规定标准但不经常提供应税服务的单位和个体工商户可选择按照小规模纳税人纳税。

（5）应税服务年销售额标准为500万元，应税服务年销售额未超过500万元的纳税人为小规模纳税人。

试点纳税人试点实施前的应税服务年销售额按以下公式换算：

应税服务年销售额＝连续不超过12个月应税服务营业额合计÷（1＋3%）

按"营改增"有关规定，在确定销售额时可以差额扣除的试点纳税人，其应税服务年销售额按未扣除之前的销售额计算。

（6）旅店业和饮食业纳税人销售非现场消费的食品，属于不经常发生增值税应税行为，根据《增值税暂行条例实施细则》第二十九条的规定，可以选择按小规模纳税人缴纳增值税。

（7）兼有销售货物、提供加工修理修配劳务以及应税服务，且不经常发生应税行为的单位和个体工商户可选择按照小规模纳税人纳税。

（三）增值税的计税方法

1. 一般纳税人适用的计税方法

一般纳税人销售货物或者提供应税劳务和应税服务适用一般计税方法计税。其计算公式是：

当期应纳增值税税额＝当期销项税额－当期进项税额

但是一般纳税人销售或提供财政部和国家税务总局规定的特定的货物、应税劳务、应税服务，可以选择适用简易计税方法计税，一经选择，36个月内不得变更。

2. 小规模纳税人适用的计税方法

小规模纳税人销售货物、提供应税劳务和应税服务适用简易计税方法计税。但是上述一般纳税人销售或提供财政部和国家税务总局规定的特定的货物、应税劳务、应税服务，也可以选择适用简易计税方法计税。简易计税方法的公式是：

当期应纳增值税额＝当期销售额（不含增值税）×征收率

3. 扣缴义务人适用的计税方法

境外单位或者个人在境内提供应税服务，在境内未设有经营机构的，扣缴义务人按照下列公式计算应扣缴税额：

应扣缴税额 = 接受方支付的价款 ÷（1 + 税率）× 税率

【案例7-5】 工业企业增值税的计算

某工业企业为增值税一般纳税人，适用增值税税率13%和6%，2×19年6月有关经营业务如下：

（1）销售一批电子产品，开具增值税专用发票，取得不含税销售额80万元；

（2）当月提供工业咨询服务，取得含税销售额21.2万元；

（3）购进货物取得增值税专用发票，注明支付的货款为30万元，进项税额3.9万元；

（4）支付当月房租5万元，增值税进项税额0.45万元。

计算该企业2×19年6月应缴纳的增值税税额。

计算过程如下：

（1）销售绿茶的销项税额 = 80 × 13% = 10.40（万元）；

（2）工业咨询服务收入的销项税额 = 21.20/（1 + 6%）× 6% ×（1 + 10%）= 1.32（万元）；

说明：自2019年4月1日至2021年12月31日，允许生产、生活性服务业纳税人按照当期可抵扣进项税额加计10%，抵减应纳税额

（3）外购货物应抵扣的进项税额 = 3.90 + 0.45 = 4.35（万元）

（4）该企业2×19年6月份应缴纳的增值税额 = 10.40 - 1.32 - 3.9 = 0.76（万元）。

四、其他应交税金

（一）房产税

房产税是国家对在城市、县城、建制镇和工矿区征收的由产权所有

人缴纳的一种税。房产税依照房产原值一次减除 10% ~ 30% 后的余额计算交纳。没有房产原值作为依据的，由房产所在地税务机关参考同类房产核定；房产出租的，以房产租金收入为房产税的计税依据。土地使用税是国家为了合理利用城镇土地，调节土地级差收入，提高土地使用效益，加强土地管理而开征的一种税，以纳税人实际占用的土地面积为计税依据，依照规定税额计算征收。车船税由拥有并且使用车船的单位和个人交纳。车船税按照适用税额计算交纳。

企业按规定计算应交的房产税、土地使用税、车船税和印花税时，借记"税金及附加"科目，贷记"应交税费——应交房产税（或土地使用税、车船税、印花税）"科目；上交时，借记"应交税费——应交房产税（或土地使用税、车船税、印花税）"科目，贷记"银行存款"科目。

【案例 7-6】　税金及附加的会计处理

2 × 19 年 3 月末，某工业企业属于小微企业，当月按规定税率计算，应交纳房产税 2 000 元、土地使用税 3 200 元、车船税 6 400 元、印花税 320 元。根据有关凭证，账务处理如下：

借：税金及附加	11 920
贷：应交税费——应交房产税	2 000
应交税费——应交土地使用税	3 200
应交税费——应交车船税	6 400
应交税费——应交印花税	320

（二）城市维护建设税和教育费附加

城市维护建设税和教育费附加是国家对缴纳增值税、消费税的单位和个人，就其交纳的增值税、消费税税额为计税依据征收的两种税。计算公式为：

应纳税额 =（应交增值税 + 应交消费税）× 适用税率

城市维护建设税的税率因纳税人所在地不同，从 1% 到 7% 不等：

1. 纳税人所在地为市区的，税率为 7%；

2. 纳税人所在地为县城、镇的，税率为 5%；

3. 纳税人所在地不在市区、县城或者镇的，税率为 1%。

教育费附加的征收率一律为 3%。

工业企业按规定计算出应交纳的城市维护建设税和教育费附加，借记"税金及附加"科目，贷记"应交税费——应交城市维护建设税（或应交教育费附加）"，交纳的城市维护建设税，借记"应交税费——应交城市维护建设税（或应交教育费附加）"，贷记"银行存款"科目。

【案例 7-7】 城市维护建设税的计算与会计处理

2×19 年 4 月末，某工业企业属于小微企业，当期本期实际应上交的流转税（增值税）为 75 700 元，适用的城市维护建设税税率为 7%。根据有关凭证，账务处理如下：

（1）计算应交的城市维护建设税 5 299（75 700×7%）元

借：税金及附加　　　　　　　　　　　　　　　　5 299

　　贷：应交税费——应交城市维护建设税　　　　　　5 299

（2）用银行存款上交城市维护建设税时

借：应交税费——应交城市维护建设税　　　　　　5 299

　　贷：银行存款　　　　　　　　　　　　　　　　5 299

五、税收优惠

今年以来，国家对小型微利企业不断给与税收优惠，很多政策是实实在在的优惠，一定要充分的享受这些政策。

1. 优惠幅度非常大

对于企业所得税，年应纳税所得额不超过 100 万元的部分，按 5% 征收企业所得税；对年应纳税所得额超过 100 万元但不超过 300 万元的部分，按 10% 的税率缴纳企业所得税。

对于增值税，月销售额不超过 10 万元，全部减免增值税。

2019 年 4 月 1 日起，销售商品的增值税税率由 16% 降至 13%；6% 一档的税率保持不变。

2. 小微企业的认定标准比较宽松

上述小型微利企业指从事国家非限制和禁止行业，且同时符合年度应纳税所得额不超过 300 万元、从业人数不超过 300 人、资产总额不超过 5 000 万元等三个条件的企业。

从业人数，包括与企业建立劳动关系的职工人数和企业接受的劳务派遣用工人数。所称从业人数和资产总额指标，应按企业全年的季度平均值确定。具体计算公式如下：

季度平均值 = （季初值 + 季末值）÷ 2

全年季度平均值 = 全年各季度平均值之和 ÷ 4

年度中间开业或者终止经营活动的，以其实际经营期作为一个纳税年度确定上述相关指标。

3. 纳税优惠资格的申请很简便

纳税企业是否符合享受税收优惠的条件，由企业自己判断，在申报纳税时，自行依据优惠税率申报缴纳，不需要先经过税务局的批准。

4. 优惠的时间长

从 2019 年 1 月 1 日起，一直到 2021 年 12 月 31 日，而且到期后，延续这一政策的概率非常大。符合国家支持小微企业，解决就业的一贯政策。